Ulf Siebach

Mein Weg nach Sibirien.

Und zu mir selbst.

Geschrieben von Stefan Korol

Impressum

Bibliografische Information der Deutschen Nationalbibliothek: Die
Deutsche Nationalbibliothek verzeichnet diese Publikation in der
Deutschen Nationalbibliografie; detaillierte bibliografische Daten sind
im Internet über http://dnb.dnb.de abrufbar.
© 2023 Ulf Siebach, Stefan Korol
Herstellung und Verlag: BoD - Books on Demand, Norderstedt
ISBN: 9-783757-854515

Umschlag-Fotos

Vorderseite: Ulf Siebach

Rückseite: Foto 1: Ulf Siebach, Fotos 2, 3: Otto Berthold Herrsching

Inhaltsverzeichnis

Vorwort

Herzlich willkommen in Sibirien!

Ich bin Ulf Siebach – der Sibirienwolf. Seit fast zehn Jahren lebe ich in Sibirien, zusammen mit meiner Frau Vita und unserer jetzt siebenjährigen Tochter Paulina. Wir wohnen ungefähr 200 Kilometer östlich von Abakan, der nächsten größeren Stadt. 2014 habe ich mir ein Grundstück mit einer Hütte darauf mitten in der Taiga gekauft und betreibe hier eine kleine Gästefarm. Das nächste Dorf ist sieben Kilometer entfernt: Cheremshanka; dort haben wir noch ein Haus, in dem vor allem Vita und Paulina leben. Mein Zuhause ist die Farm – im Sommer ebenso wie im Winter.

Im Frühjahr 2020 hat mich Stefan Korol per Mail gefragt, ob wir nicht zusammen ein Buch schreiben wollen – über mich und mein Sibirien-Leben. Da ich selber schon oft daran gedacht hatte, mein Leben einfach mal aufzuschreiben, habe ich spontan zugesagt. In den folgenden zwei Jahren haben wir immer wieder miteinander telefoniert. Stefan hat diese Telefonate jeweils thematisch vorbereitet, mich dann zu allen wichtigen Stationen und Erlebnissen in meinem Leben interviewt, diese Gespräche aufgenommen und daraus eine erste Buch-Version geschrieben. Im August 2022 ist er dann zu mir nach Sibirien gekommen, und wir haben gemeinsam diese erste Version besprochen und bearbeitet. Schließlich hat es dann bis zum Sommer 2023 doch noch einige Telefon-Interviews gebraucht, um den endgültigen Text und das vorliegende Buch fertigzustellen.

Was sich so einfach anhört, war ein ständiges Auf und Ab zwischen Zuversicht und Aufgeben: Während des Corona-Sommers 2020 hatten wir ebenso Zweifel, ob wir dieses Buch-Projekt zu Ende bringen können, wie Anfang 2022, zu Beginn des Ukrainekrieges.

Wir freuen uns deswegen sehr, dass wir es trotz dieser Hürden geschafft haben. Und, wie so oft im Leben: Die viele Arbeit, die wir in dieses, unser Herzens-Projekt gesteckt haben, hat sich gelohnt – und wir sind sicher, dass ihr, unsere Leserinnen und Leser, das auch so seht.

Viel Spaß!

Juli 2023
Ulf Siebach und Stefan Korol

Kapitel 1: Ein Traum wird Wirklichkeit

Reise nach Nowosibirsk. Unsere erste Reise in die Taiga. Grundstücks-Suche. Das erste Mal auf „meinem" Grundstück. Zweite Reise. Ich kaufe mein Stück Sibirien. Unsere ersten drei Sibirien-Monate. Drei Mal Sibirien: allein, zu zweit, zu dritt. Unser erster Winter in Sibirien. Rückblick aus heutiger Sicht.

Reise nach Nowosibirsk

Von Sibirien träume ich seit meiner Kindheit. Aber in den ersten knapp fast 50 Jahren meines Lebens war ich übers Träumen nicht hinausgekommen. Jetzt, im Sommer 2013, will ich endlich wissen, sehen, hören und fühlen, was dran ist an diesen Träumen: Vita und ich fliegen für zehn Tage nach Nowosibirsk. Die drittgrößte Stadt Russlands liegt rund 5.000 Kilometer von Deutschland entfernt, und in meiner Vorstellung, mitten in meinen Sibirien-Träumen: Die Taiga, einsame Landschaften, unendliche Wälder, glitzernde Seen und Flüsse, klare Luft, heiße Sommer und eisige, weiße Winter. Wir fliegen von Berlin erst nach Moskau und von dort weiter nach Nowosibirsk.

In den ersten Tagen bummeln wir durch die Stadt, genießen die warmen Sommertage und langen, milden Abende. Vita ist Ukrainerin, sie lotst uns dank ihrer russischen Sprachkenntnisse durch die 1,5 Millionen-Metropole. Schließlich, und endlich, wollen wir den von mir langersehnten Ausflug in die umliegende Taiga machen. Im Tourismusbüro fragt Vita, wo in der Umgebung wir am ehesten Chancen haben könnten, meine Taiga-Träume zu sehen – und welche Buslinie dorthin fährt.

Am nächsten Morgen steigen wir erwartungsvoll in den Bus und sind nach einer Stunde Fahrt in dem Ort, der uns als „typisch Sibirien" empfohlen wurde. Wir steigen aus, der Bus fährt weiter. Ruhe. Sonne, blauer Himmel, weiße Wolken. Wir schauen uns um: Eine asphaltierte Straße, von der hier, an der Haltestelle, zwei unbefestigte Straßen links und rechts abzweigen. Aufgereiht daran, kleine, offensichtlich alte Häuser, mal aus Holz, mal verputzt, mal nur Steinwände. Uns gegenüber an der Kreuzung, ein Lebensmittelladen. Ich schätze, es sind ein paar hundert Menschen, die in dem Dorf hier leben. Wir bleiben ein paar Minuten einfach stehen, nehmen alles in uns auf, orientieren uns. Ab und zu ein Auto, gegenüber gehen einige Menschen in den kleinen Laden oder kommen heraus. Ansonsten: Ruhe.

Bei Sonnenschein, blauem Himmel und gefühlt 25 Grad, entscheiden wir uns für eine Richtung, gehen auf der asphaltierten „Haupt"-Straße, lassen dann die wenigen Häuser hinter uns und sind nach einer halben Stunde meinen Traum recht nahegekommen: Weites Land, eine sanfte Anhöhe, rundherum Taiga-Gras, weiter weg ein Birkenwald. Es fehlen noch Fluss oder See, und die Asphalt-Straße muss ich mir wegdenken. Aber wir sind ja auch nur mal eben aus der Großstadt herausgefahren. Meine Eindrücke lassen mich spüren: Das ist meine Landschaft.

In den nächsten Tagen wird, vor allem, weil wir jetzt wieder inmitten der vollen und lauten Stadt sind, aus dem „mal Taiga geschnuppert" eine Taiga-Sucht. Für mich steht fest: Ich will mehr davon. Nein – ich will das alles.

Zurück in Deutschland, in unserem Zuhause in Brandenburg, verbringe ich die nächsten Wochen fast Tag und Nacht vor dem Computer. Ich lese im Internet alles, was ich über Sibirien finden kann: die Regionen, das Wetter, das Leben, die Reisebestimmungen; Beschreibungen über das Land und Leben, geschrieben von Einheimischen, aber auch von Ausländern, die nach Sibirien ausgewandert sind. Und ich schaue nach Grundstücken und Häusern in der Taiga – und ob und wie es als Ausländer möglich ist, dort zu kaufen und zu leben. Je mehr ich lese, desto mehr zieht mich Sibirien in seinen Bann.

Als eine gute Quelle für das Leben in Sibirien und einen Urlaub dorthin, habe ich das Deutsche Haus gefunden, ein Gästehaus, das von einer Kölnerin geführt wird. Es liegt in der Nähe der Stadt Abakan, in einem kleinen Ort namens Petropavlovka. Ich rufe an im Deutschen Haus, spreche lange mit der Besitzerin – und bin so begeistert von ihren Erzählungen und von ihrem Sibirien-Leben, dass ich am Ende des Gesprächs für den kommenden März ein Zimmer buche – für Vita und mich, für zwei Wochen.

Ab jetzt gibt es für mich nur noch ein Thema: Sibirien. Und je länger ich mich damit beschäftige, desto deutlich wird mein Bauchgefühl: Ich will in Sibirien nach einem Grundstück suchen, das ich kaufen kann. Um dort zu leben. Für Vita kommt dieser Plan, dieses Vorhaben nicht ganz überraschend, aber doch plötzlich. Sie wusste natürlich schon immer von meiner Idee, irgendwo als Einsiedler zu leben, in der Natur, als Selbstversorger, und möglichst weit weg von allen Städten und Menschen. Aber sie weiß eben auch, dass meine Ideen manchmal Strohfeuer sind, die zwar schnell und hell brennen, aber nicht lange dauern. Also lässt sie mich erst mal reden, träumen, machen – und wartet ab, wie lange diese Sibirien-Idee „brennt".

Unsere erste Reise in die Taiga

März 2014: Endlich ist es so weit. Wir reisen nach Sibirien. Wie geplant, für zwei Wochen, Unterkunft im Deutschen Haus in Petropavlovka. Obwohl ich dieser Reise nun schon lange entgegenfiebere, ungeduldig bin und so schnell wie möglich in meinem Traum-Land ankommen möchte, fliegen wir nur von Berlin bis Moskau – und nehmen dort die Transsibirische Eisenbahn nach Sibirien. 4000 Kilometer sind es von Moskau bis nach Abakan, der nächstgrößeren Stadt in der Nähe von Petropavlovka, unserem Ziel. Wir freuen uns auf diese Fahrt durch halb Russland, außerdem haben wir uns für den Zug entschieden, weil wir dann auf der Bahnreise erst Vitas Geburtstag feiern können und ein paar Tage später, meinen – in Sibirien.

Beim Abflug in Berlin scheint schon die erste Frühlingssonne, aber wir wissen, dass es in Abakan noch Winter sein wird, wenn wir dort ankommen. Nach zwei Stunden Flugzeit landen wir in Moskau; wir nehmen den Shuttle-Zug vom Airport zum Bahnhof. Gespannt warten wir auf die Einfahrt des Zuges, sind beeindruckt von den langen Güterzügen, die durch den Bahnhof fahren: bis zu 400 Meter lang, beladen vor allem mit Russlands Bodenschätzen: Kohle, Holz und, so vermuten wir wegen der Tankwagen, Öl. Dann kommt unser Zug. Wir haben ein Vierer-Abteil gebucht, das wir schnell finden und belegen eines der beiden Doppelstock-Betten: Vita unten, ich oben, und wir richten uns in dem Abteil häuslich ein. Pünktlich auf die Minute fährt der Zug los. Unser Sibirien Abenteuer beginnt.

Vier Tage und drei Nächte fahren wir durch die Weite Russlands. Wir lassen die Landschaft an unserem Fenster vorbeiziehen, wir schlafen, trinken genüsslich Tee, lesen, sind total entschleunigt und tiefentspannt. Im Speisewagen feiern wir Vitas Geburtstag: Wir wählen das beste Gericht, das wir auf der Speisekarte finden können, bestellen eine Flasche Sekt – und dazu gibt es die Glückwünsche des Zug-Personals, das den Anlass dieses opulenten Mahls natürlich schnell mitbekommen hat. Der herzliche Kontakt zwischen ihnen und uns bleibt bis zum Ende unserer Fahrt bestehen.

Wie erwartet, herrscht in Abakan noch Winter. Die Straßen sind frei, aber überall türmen sich die geräumten Schneemassen. Mit dem Bus fahren wir von Abakan nach Kuragino, knapp 100 Kilometer. Eine angenehme Fahrt: es ist ein komfortabler Reisebus, die Straße ist asphaltiert. Dass es draußen minus 20 Grad sind, merken wir erst, als wir in Kuragino aus dem komfortablen Fernreisebus aus- und in den doch recht rustikalen Regionalbus nach Petropavlovka einsteigen. Vita sagt dem Fahrer, wo wir aussteigen wollen. Er nickt, wir hoffen, dass er auch zugehört hat und nachher auch an der richtigen Stelle hält. Unsere Gastgeberin, die Besitzerin des Deutschen Hauses, hatte uns gesagt, dass die Haltstelle, um zum Deutschen Haus zu kommen, außerhalb von Petropavlovka liegt. Von dort müssten wir uns links halten, dann ungefähr drei Kilometer laufen. Und dann würden wir zum Deutschen Haus kommen.

Nach eineinhalb Stunden hält der Bus – und der Fahrer sein Versprechen: „Hier müsst ihr raus". Wir nehmen unser Gepäck und steigen aus. Der Bus fährt los, verschwindet auf der Straße in der Taiga. Es ist vier Uhr am Nachmittag. Wir stehen mitten in der sibirischen Taiga, über der schon ein fahles Dämmerlicht liegt. Wir sind übermüdet, schleppen jeder einen 20 Kilo-Rucksack und überlegen gerade, ob „links halten" meint, aus der Fahrtrichtung des Busses – oder von der entgegengesetzten Seite. Und das alles bei minus 20 Grad. Mindestens. Wir entscheiden uns für die Richtung „links aus der Fahrtrichtung des Buses". Die Chancen, dass es richtig ist, liegen ja immerhin bei 50 Prozent. An die anderen

50 Prozent, die uns auf einem schmalen Weg tief in die Taiga führen würden, denken wir lieber nicht.

Sibirien meint es gut mit uns. Nach einer Stunde stehen wir vor dem Deutschen Haus.

Auch am nächsten Tag bleibt Sibirien uns gewogen: Ein strahlend blauer Himmel, die Sonne steht zwar noch tief, aber wir spüren schon die Wärme durch unsere Winterklamotten; gefühlt sind es in der Sonne schon null Grad. Wir bummeln durch Petropavlovka, und ich denke mir, wie es wohl wäre, hier zu leben. Natürlich nicht direkt im Dorf, das entspricht nicht meinen Aussteiger-Plänen. Aber ab und zu von meiner imaginären Hütte aus der Taiga hierher zu kommen, ein bisschen Leben zu haben, einzukaufen, einen Kaffee zu trinken – das passt. Ich fühle mich hier richtig, hier gehöre ich hin.

Grundstücks-Suche

Am Abend kommen wir im Deutschen Haus mit Juri ins Gespräch. Er ist Verwalter im Deutschen Haus, macht dies und das, ist ein netter Kerl. Als ich ihm von meinen Kauf-Plänen für Grundstück und Haus erzähle, verspricht er, sich in den nächsten Tagen einmal umzuhören, ob etwas in der Gegend hier angeboten wird. Als ich abends im Bett liege, habe ich Herzklopfen bei dem Gedanken, dass ein langer Traum hier womöglich in Erfüllung geht.

Drei Tage später meldet sich Juri: Es gibt da ein Grundstück in der Nähe, ungefähr 10.000 Quadratmeter groß, mit einer kleinen Hütte, ziemlich einfach, dazu ein paar Schuppen, die aber schon recht baufällig sind.

Momentan ist das Grundstück vermietet, ein Ehepaar wohnt dort in einem von ihnen selbst gebauten Blockhaus. Ich sauge jedes Wort einzeln auf, merke, dass mein Puls auf 180 geht. Juri verspricht, den Grundstücks-Eigentümer anzurufen und zu fragen, ob wir uns das Grundstück, natürlich nach Absprache mit den Mietern, angucken können. Der Eigentümer ist einverstanden, und Juri macht mit den Mietern einen Besichtigungstermin aus.

Zwei Tage später ist es soweit. Juri, Vita und ich machen uns auf den Weg. Mit dem Bus fahren wir von Petropavlovka ins nächste Dorf: Cheremshanka. Von dort bis zum Grundstück sind es noch rund sieben Kilometer – zu Fuß. Und im Sommer. Jetzt aber, im März, liegt der Schnee in der Taiga noch immer meterhoch; wir können deswegen nicht diesen kürzesten Weg gehen, sondern wir nehmen zunächst eine vom Schnee geräumte Holzfällerstraße, die ungefähr in der gleichen Richtung wie der übliche Weg verläuft. Nach ungefähr sechs Kilometern müssen wir dann rechtwinklig abbiegen. Von da, sagt Juri, sind es dann noch ungefähr zwei Kilometer – durch den Tiefschnee. Hin und zurück sind und werden es also knapp 20 Kilometer. Aber dafür geht ja vielleicht auch ein Traum in Erfüllung…

Das Laufen auf der geräumten Wald-Straße ist herrlich. Es ist kalt, minus 10 Grad, aber der Himmel ist strahlend blau, und wir spüren die Wärme der Sonne im Gesicht. Schließlich sind wir am Abzweig. Juri vorweg, stapft durch den Tiefschnee, versinkt bei jedem Schritt bis zum Bauch im Schnee. Vita und ich hinterher, treten in Juris Schneelöcher. Der Schnee war offenbar schon einmal angetaut, er hat oben eine dicke Eiskruste, in die wir beim Laufen immer wieder einbrechen; entsprechend anstrengend ist jeder Meter.

Nach knapp einer Stunde geht es eine kleine Anhöhe hinauf, vielleicht 50 Meter hoch. Oben angekommen, bleiben wir stehen. Wir können rundherum in die Taiga gucken, über eine weiße, unberührte Landschaft, scheinbar endlos. Geradeaus, einen Kilometer entfernt, ein kleiner Wald. Dahinter ein paar Hügel, so wie der, auf dem wir jetzt stehen. Und ganz am Ende, die Gipfel des Sajan-Gebirges. Alles nur schemenhaft, wie unter einem dünnen, leicht transparenten Tuch, unter dem sich die Konturen abheben, alles weiß und weich. Und: nur sehen. Nichts hören. Kein Wind. Keine Tiere. Und schon gar keine Autos, Menschen, Flugzeuge oder was sonst immer an Geräuschen zu hören ist. Es ist einfach still. Absolut still.

Ungefähr 200 Meter entfernt, stehen eine Blockhaus-Hütte, ein kleineres Haus mit schiefen Wänden und ein paar Holzschuppen. Aus dem Schornstein des Blockhauses steigt Rauch auf. Weiß, kerzengerade nach oben, in den sattblauen sibirischen Winterhimmel. Das Grundstück. Ich denke, es ist nur die Kälte, die mir die Augen feucht werden lässt – aber sicher bin ich mir nicht. Ich kann es kaum fassen. Angekommen. Ich bin angekommen. Dies ist mein Platz, hier liegt meine Zukunft. Hier ist mein Leben. Gleichzeitig habe ich das Gefühl, nach einer unendlich langen und anstrengenden Reise nach Hause zu kommen.

Eine Minute später schüttele ich diesen Anflug von Esoterik, Kitsch und Romantik ab. „Okay", sage ich zu Vita, „sieht doch gut aus. Lass uns hingehen." Wir stapfen runter. In unsere Zukunft.

Das erste Mal auf „meinem" Grundstück

Mit jedem Meter, den wir dem Grundstück näherkommen, erkenne ich mehr Einzelheiten. Das Blockhaus ist nicht besonders groß, aber in gutem Zustand. Daneben ein kleines Haus, aber nicht aus Stämmen gebaut, sondern offensichtlich mit Lehmwänden – die aber über die Jahre durch den starken Ostwind inzwischen ziemlich schief nach Westen geneigt sind. Um die Hütte herum stehen einige verschieden große Holzschuppen: eine Seite jeweils offen, drei Seiten mit Holzwänden, die jetzt zur Hälfte im Schnee stehen, die Dächer aus Holz und abgestützt durch zusätzliche Holzpfosten. Vor der Haustür der Blockhütte ist ein Weg vom Schnee frei geschaufelt, vielleicht 20 Meter. Darauf steuern wir jetzt zu, ich nun vorweg, dann Vita und Juri. Vom anstrengenden Weg durch den hüfthohen Schnee keuchen wir alle, bei mir kommen vor Aufregung noch ein paar Herzschläge extra dazu.

Kurz bevor ich die Haustür erreiche, geht sie auf; ein Mann, vielleicht Mitte 60 öffnet sie, lächelt uns an und bittet uns herein. Igor. Wir treten ein, sofort spüren wir die mollige Wärme in der Hütte. Igor und seine Frau Tatjana begrüßen uns herzlich und versorgen uns natürlich, russische Gastfreundschaft, zunächst einmal mit Tee. Wir machen uns alle miteinander bekannt, reden übers Wetter, den Winter, über Sibirien, und dann bringt Tatjana frische, noch warme und lecker duftende Blintschikis: gefüllte Teigtaschen; entweder süß gefüllt mit Marmelade oder herzhaft, mit Käse oder Schinken. Igor legt noch ein paar Birkenscheite in den Ofen. Ich fühle mich „meinem" Sibirien-Leben schon ziemlich nahe…

20 Jahre ist Igor mit Zelten und Packpferden durch die Taiga gezogen, hat Pferde gezüchtet und damit gehandelt und von allen möglichen anderen Arbeiten gelebt. Dann hat er Tatjana kennengelernt, sie haben geheiratet, das Grundstück hier gemietet und dann, in Sibirien durchaus üblich, darauf ihre eigene Blockhütte gebaut. Bei einem Umzug wird die dann auf dem jetzigen Grundstück ab- und auf dem neuen Grundstück wiederaufgebaut.

Igor erzählt mir weiter von seinem Leben, von früher, von heute, und auch Tatjana und Vita plaudern angeregt, scheinen sich gut zu verstehen. Ich aber merke – dass ich erst mal gar nichts sage. Alles, was ich fragen wollte, alle Daten und Infos zum „Kaufobjekt", Grundstück, Schuppen, Fluss, Wiese, alle Fragen zu den Vor- und Nachteilen, sind wie weggeblasen. Das interessiert mich plötzlich gar nicht. Denn ich merke, fühle, weiß, dass ich mich ohnehin schon entschieden habe: Hier will ich wohnen. Weil ich hier angekommen bin.

Später reden Igor und ich dann doch noch „übers Geschäft": Wenn ich das Grundstück kaufe, würden die beiden gern hier wohnen bleiben – auf dann meinem Grund, aber eben in dem eigenen Blockhaus. Da ich noch gar nicht weiß, wie das überhaupt mit mir und Sibirien werden soll und ob es was wird mit dem Grundstücks-Kauf, habe ich dagegen erst einmal keine Einwände. Selbst wenn es klappt mit dem Kauf, werde ich ja nicht sofort dauerhaft hier wohnen, und dann ist es nur gut, wenn das Grundstück von Igor und Tatjana dauerhaft bewohnt ist. Und sollte ich tatsächlich hier einmal wohnen, werde ich froh sein, einen Sibirien-Experten wie Igor als Nachbarn zu haben, vom dem ich alles lernen kann über das Leben in der Taiga.

Trotz dieser Gedanken bin ich noch nicht wirklich bei der Sache. Während alle im Raum miteinander reden, versinke ich in meinen Träumen: Mein Leben abseits der Zivilisation, in der Natur, rundum Ruhe, als Selbstversorger mit Tieren und Pflanzen. Ziegen vielleicht? Oder besser Rentiere? Was ist mit Hühnern? Auf alle Fälle Kartoffeln, Wurzeln, Erbsen, Bohnen; für den Nachtisch Johannisbeeren, Stachelbeeren. Erdbeeren? Vielleicht im Gewächshaus. Klar, ich brauche ein Gewächshaus. Für Erdbeeren. Und im Gewächshaus geht ja auch Salat…

Schließlich holt mich ein Gedanke ins Hier und Jetzt zurück, der meinen Puls noch einmal auf Trab bringt: Ich muss noch die eine, alles entscheidende Frage stellen: „Igor, gibt es hier Handy-Empfang?" Denn das, da waren Vita und ich uns schon von den ersten Sibirien-Ideen an einig, ist unabdingbare Voraussetzung für ein mögliches Aussteigerleben. Igors Antwort ist für mich eine Erlösung: „Ja, der Empfang ist sogar sehr gut, weil der nächste Funkmast auf einem der umliegenden Hügel steht."

Nach ungefähr einer Stunde verabschieden wir uns von Igor und Tatjana. Ich fühle mich benommen, kann gar nicht glauben, was hier gerade passiert ist und noch immer passiert. Bevor wir uns auf den Rückweg machen, schaue ich noch einmal über das Grundstück. Außer den Gebäuden ist nichts zu sehen unter der gut einen Meter hohen Schneedecke. Da hinten, Richtung Osten, da muss der Fluss sein. Wahrscheinlich tiefgefroren.

Am nächsten Tag ruft Juri den Besitzer an. Der signalisiert, dass er sich einen Verkauf des Grundstücks durchaus vorstellen könne, es käme eben auf den Preis an. Das ist zunächst eine gute Nachricht, allerdings nicht für mich, denn, auch wenn ich es noch nicht selber erlebt habe, gilt: Sobald ein Russe merkt, dass ein Kaufinteressent Ausländer ist, verdoppelt er den Preis; egal, ob es ein Auto ist, Baumaterial, eine Dienstleistung oder eben ein Grundstück. Für Deutsche gilt das besonders, denn die gelten eben als besonders „reich". Ja, ich will mein Traum-Grundstück haben – aber mein Budget ist doch sehr beschränkt.

Der Besitzer wohnt nur ein paar Kilometer entfernt vom Deutschen Haus, und Juri vereinbart mit ihm ein gemeinsames Treffen bei ihm. Je näher der Termin rückt, desto nervöser werde ich; den Abend davor bin ich aufgeregt, wie ein Sechsjähriger vor Heiligabend. Immer wieder kreisen meine Gedanken um die für mich wichtigsten Fragen: Was, wenn das klappt? Wieviel Geld wird der Besitzer haben wollen? Wieviel Geld könnte ich maximal zusammenkriegen? Was kann ich tun, was muss ich sagen, um den Besitzer für mich zu gewinnen?

Wie zu erwarten, nennt der Besitzer zu Beginn des Gesprächs einen astronomisch hohen Preis. Normalerweise hätte ich mich davon abschrecken lassen – aber Juri hat kurz vorher noch erfahren, dass der Besitzer schon versucht hat, Igor dazu zu bewegen, das Grundstück zu kaufen. Der aber hatte kein Interesse. So lasse ich mich also auf das Pokerspiel ein, bedanke mich für sein erstes Angebot – und nenne im Gegenzug einen absurd niedrigen Preis. Nach harten Verhandlungen, die aber, wie in Russland üblich, sehr freundlich, bei mehreren Tassen Tee und kleinen Leckereien geführt werden, einigen wir uns auf einen Kaufpreis, mit dem wir beide leben können. Ich habe es geschafft.

Wir besprechen den weiteren Ablauf. Es gibt natürlich eine Menge Papierkram, der erledigt werden muss, und das wird dauern. Ungeduldig, wie ich nun einmal bin und in dieser Sache besonders, ist das nervig. Auf der anderen Seite: Ich habe ja noch gar keine Ahnung, wie meine Zukunft hier in Sibirien aussehen und wann sie beginnen kann; da werde ich mir noch viele Gedanken machen und Entscheidungen treffen müssen.

Am Abend muss ich gleich wieder „verhandeln" – mit Vita. Sie hat Bedenken, ob das mit dem Grundstückskauf eine gute Sache ist; befürchtet, dass ich es mit dem Kauf überstürze. Ihr wäre es lieber, wir würden uns nicht jetzt Hals über Kopf entscheiden, sondern uns Zeit nehmen und alles noch ein bisschen „sacken" lassen. Vom Kopf her kann ich ihre Bedenken verstehen; immerhin wird ein eigenes Grundstück in Sibirien ja unser Leben total verändern. Auf der anderen Seite fühle ich deutlich und intensiv: Dieses Grundstück ist für mich richtig und ich will es unbedingt kaufen. Ich versuche, Vita diese Entschlossenheit sanft, aber auch eindeutig zu sagen. An genau diesem Ort zu wohnen, das kommt ganz tief aus meinem Bauch heraus. Ich muss da nichts überlegen; ich habe überhaupt keine Zweifel. Das ist der Platz auf der Erde, den ich jahrelang gesucht habe. Mein Platz. Das scheine ich so fest und „richtig" rüberzubringen, dass Vita mich lange anguckt und dann sagt: „Okay Ulf, dann mach´ es". Und ab dann ist sie, wenn auch manchmal noch zweifelnd, dabei.

Zweite Reise

Im Juni 2014 reisen Vita und ich wieder nach Sibirien. Dieses Mal fliegen wir – und dieses Mal wollen wir drei Monate bleiben. Auch wenn Vita von unserem zukünftigen Leben noch nicht ganz so begeistert ist wie ich, sind wir doch beide jetzt fest entschlossen, das Grundstück zu kaufen. Für die ersten zwei Wochen haben wir wieder ein Zimmer im Deutschen Haus gebucht, danach wollen wir in der windschiefen Hütte auf unserem, hoffentlich dann eigenen, Grundstück wohnen. Neben unseren Blockhaus-Nachbarn Igor und Tatjana.

Im Deutschen Haus angekommen, legen wir nur das Gepäck ab, fahren dann gleich mit dem Bus von Petropavlovka nach Cheremshanka und gehen zum Grundstück. Beim letzten Mal mussten wir wegen des hohen Schnees den Umweg über die Forststraße nehmen, jetzt gehen wir auf direktem Weg die sieben Kilometer durch die Taiga. Nach zwei Stunden liegt unser Traum vor uns, und natürlich sieht jetzt alles ganz anders aus, aber ebenso schön: Statt weiß ist jetzt alles grün, dazwischen Blumen in den unterschiedlichsten Farben. Und plötzlich ist am Rand des Grundstücks auch ein Fluss. Und statt der Winterstille hören wir das Rauschen des Flusses. Und die Rufe des Kuckucks. Was für ein Paradies.

Wir begrüßen Igor und Tatjana, die natürlich mitgekriegt haben, dass jetzt wir ihre, wenn auch noch nicht amtlich bescheinigt, neuen Vermieter sind. Wir reden nur kurz mit ihnen, sie haben Verständnis dafür, dass wir jetzt erst einmal unser, demnächst eigenes, Stück Sibirien in allen Einzelheiten besichtigen wollen, und sie laden uns für danach in ihr Blockhaus ein.

Wir machen eine Bestandsaufnahme von unserem Besitz. Als erstes ist da „unser" windschiefes Haus – das aber eher eine Hütte ist: vier mal sechs Meter groß, einstöckig, mit nur einem Raum, in dessen Mitte ein russischer Ofen steht. Die Haus-Konstruktion ist ein Holzständerwerk, die Fächer sind mit Lehm gefüllt und auch die Wände sind außen und innen mit Lehm verkleidet, der aber an vielen Stellen schon abbröckelt. Auch der Fußboden besteht aus gestampften Lehm. Innen ist natürlich alles verstaubt, hier und da liegen trockene, hineingewehte Blätter. Außer dem Ofen gibt es nur ein einziges Möbelstück: ein wackeliges Doppelstockbett. Aber die Hütte ist rundum zu, es scheint keine größeren Löcher oder Risse zu geben. Das Satteldach besteht aus Wellblech-Platten; die ebenso wie das Haus schon viele Jahre alt sind.

Dann gibt es einen alten Stall, vermutlich für Ziegen, ungefähr drei mal drei Meter groß, daneben eine kleine Scheune. Und es gibt einen größeren, ungefähr zehn mal sechs Meter großen Lagerschuppen, ebenfalls ein Holz-Ständerbau, aber halb eingefallen. Die Gebäude sehen alle baufällig aus – aber immerhin haben sie bislang Stürmen und Schneelasten standgehalten. Etwas weiter weg steht noch ein kleines Blockhaus, drei mal zwei Meter groß. Ich vermute, das war mal eine Banja, eine russische Sauna. Es scheint in Ordnung zu sein, aber ich finde es sehr hässlich; irgendwie stimmen die Proportionen nicht. Sage ich, als Baumensch.

Trotzdem: So baufällig die Schuppen, so windschief die Lehmhütte – wir sind kein bisschen enttäuscht; dafür ist unsere Begeisterung über das Grundstück zu groß, denn aus dem kalten, schneebedeckten Flächen im März, ist jetzt, im Juni ein Paradies geworden: sattgrüne Wiesen voller Blumen in allen Farben und mit allen Düften; Bienen summen von Blüte zu Blüte. Die Sonne steht hoch, es sind bestimmt an die 30 Grad. Und am Ende unseres leicht abfallenden Grundstücks, ist der Fluss und sein Ufer. Das ist nun auch unseres. Gegenüber, rund zehn Meter entfernt, am anderen Ufer, ist dichte Taiga, Ich knie mich hin, schöpfe mit der Hand Wasser zum Trinken. Es ist kalt, sauber, lecker. Besser als jedes Leitungswasser in Deutschland. Genau so habe ich mir das vorgestellt: Mit gutem, eigenen Wasser fängt es an – mein Sibirien-Selbstversorger-Leben…

Ich kaufe mein Stück Sibirien

Drei Tage später ist der große Tag: Der Termin im Grundbuchamt. Juri hat in den letzten Monaten alles dafür vorbereitet: den Kaufvertrag von einem Anwalt aufsetzen lassen, alle Papiere zusammengetragen, mit dem Verkäufer die Einzelheiten besprochen und auch diesen Termin für die Unterzeichnung des Kaufvertrags gemacht. Ich habe von Deutschland aus den Kaufpreis überwiesen. Dann geht alles schnell: Der Beamte bestätigt, dass das Grundstück frei ist von allen Einträgen im Grundbuchamt und dass der Verkäufer der rechtmäßige Besitzer des Grundstücks ist. Und dass der vereinbarte Kaufpreis auf dem Konto des Verkäufers eingegangen ist. Der Verkäufer und ich unterschreiben den schon mit allen Daten vorbereiteten vorliegenden Kaufvertrag. Fertig. Ich bin jetzt Besitzer von 10.000 Quadratmeter Sibirien, einem Flussufer, einer schief stehenden Lehmhütte und drei baufälligen Schuppen. Und bin der glücklichste Mensch der Welt!

Zurück in unserem Zimmer im Deutschen Haus merke ich, welche Anspannung von mir abfällt. Jetzt ist es amtlich, alles ist geregelt, nichts kann mehr dazwischenkommen: Der erste Schritt meines Sibirien-Traums ist in Erfüllung gegangen. Ich atme tief ein und aus, sortiere meine Gedanken, werde langsam ruhiger.

Natürlich wollen wir unser jetzt eigenes Stück Sibirien so schnell wie möglich „in Besitz" nehmen. Auch wenn es zunächst nur eingeschränkt sein kann, denn Igor und Tatjana wohnen ja noch in der Blockhütte, zudem haben wir ja nichts zum Wohnen und Leben auf dem Grundstück. Und unser Zimmer hier im Deutschen Haus ist auch noch für eine Woche gebucht. Wir beschließen, morgen zum Grundstück zu gehen, dort den ganzen Tag zu bleiben, eine erste Nacht dort zu verbringen und am nächsten Tag wieder zurück ins Deutsche Haus zu kommen. Mit den Gedanken daran lassen wir diesen Grundstückskauf-Tag ohne weitere Aktivitäten zu Ende gehen. Ich rufe nur noch Igor an und sage ihm, dass wir morgen kommen werden.

Ausgeschlafen und bereit fürs nächste Abenteuer, packen wir früh am nächsten Morgen unsere Rucksäcke für unseren zweitägigen Ausflug. Danach haben wir das Gefühl, noch einmal den Luxus der Zivilisation genießen zu müssen: eine heiße Dusche und ein reichhaltiges Frühstück im Deutschen Haus. Per Bus geht es nach Cheremshanka, dann die sieben Kilometer Fußweg. Wobei „Weg" kein ebener, extra angelegter Wanderweg ist, sondern eine wild entstandene Waldstraße. Der größte Teil ist eben und glatt, aber an einigen Stellen haben die Autoreifen zwei Fahrspuren in den Taigaboden gefräst – mehr oder weniger tief, mit mehr oder weniger großen Schlaglöchern. Die Hälfte des Weges führt durch Wald; jetzt, im Juni, ist es dort dadurch angenehm kühl. Kaum sind wir auf der offenen Fläche, treibt uns die Sommerhitze den Schweiß auf die Stirn. Zudem geht es von Cheremshanka Richtung Grundstück die ersten drei Kilometer sanft, aber stetig bergauf.

Am Vormittag sind wir auf dem Grundstück und „ziehen" voller Besitzerstolz ein – in unsere windschiefe Lehmhütte. Igor und Tatjana haben uns Brot, Salz und Wasser in die Hütte gestellt; wir freuen uns sehr über diesen Willkommens-Gruß, gehen kurz rüber zu den beiden, bedanken uns und leihen uns von ihnen Besen, einen Eimer und anderes Putzzeug.

Nach drei Stunden haben wir unsere Hütte so sauber, dass wir uns schon ein bisschen heimisch und absolut als rechtmäßige Besitzer fühlen. Den Ofen mitsamt Rohr und Schornstein habe ich zunächst genau untersucht, dann auch, trotz der 30 Grad Sommerhitze, ausprobiert, angemacht. Alles scheint rauchdicht zu sein; wir stellen unseren Camping-Topf, gefüllt mit bestem Wasser aus dem eigenen (!) Fluss drauf und kochen in der eigenen Sibirien-Hütte den ersten Kaffee! In einem Schuppen finde ich ein paar Bretter, aus denen ich vor unserer Hütte eine provisorische Bank baue. Auf der sitzen wir, trinken schweigend unseren Kaffee und sind wir einfach nur da. In Sibirien.

Wir erkunden weiter unser Grundstück, aber auch die Gegend drum herum; gehen einen Kilometer Richtung Cheremshanka, kehren um, nehmen einen anderen Weg zurück, laufen am Flussufer entlang. Immer wieder bleiben wir stehen, gucken, beobachten, hören, lauschen.

Am späten Nachmittag packen wir unsere Rucksäcke komplett aus, legen Isomatten und Schlafsäcke ins Etagenbett. Aus den mitgebrachten Lebensmitteln bereiten wir Abendbrot; auch das essen wir draußen. Danach zaubere ich aus meinem Rucksack eine Flasche Rotwein und zwei Plastik-Weingläser hervor. So sitzen wir beide vor unserem „Haus", genießen die noch warme Juni-Luft und schauen, wie die Sonne langsam untergeht. Unser erster „eigener" Sibirien-Abend. Leider dauert es nicht lange, bis der Abend anfängt, etwas ungemütlich zu werden, weil Tausende von Mücken sich über uns, die neuen Grundstücks-Bewohner hermachen. Wir flüchten in die Hütte, freuen uns, dass sie dicht ist und die Plagegeister nicht reinkommen können. So schlafen wir wunderbar – in unserer ersten Nacht im eigenen Sibirien-Haus.

Am nächsten Morgen: schmales Frühstück, große Pläne. Wir reden über unsere Ideen, Wünsche, Vorstellungen von unserem neuen Leben; schwärmen davon, sind romantisch, begeistert – und naiv. Denn ob und was davon Wirklichkeit wird, davon haben wir keine Ahnung. Das Einzige, was wir mit Sicherheit wissen: Es liegt unendlich viel Arbeit vor uns.
Wir bleiben bis gegen Mittag, gehen dann noch einmal zu unseren Nachbarn und machen uns dann auf den Weg zurück – in unser komfortables Zimmer im Deutschen Haus.

Unsere ersten drei Sibirien-Monate

Die nächsten Tage laufen ebenso ab: Immer mal wieder zum Grundstück; genießen, die Zukunft planen, träumen. Aufschreiben, was wir alles demnächst reparieren, erneuern, neu kaufen wollen. Und nebenbei entsteht eine zweite Liste: Alles, was wir kaufen und haben müssen, wenn wir demnächst unser Zimmer im Deutschen Haus räumen und dann gut zwei Monate in unserem Lehmhaus sein werden. Beide Listen sind schon nach ein paar Tagen ellenlang.

Einen Tag vor unserem „Abschied" aus dem Deutschen Haus sortieren wir unsere beiden Listen nach Prioritäten: Was müssen wir jetzt kaufen, um ab morgen in unserer Hütte wohnen zu können? Ganz oben stehen natürlich Lebensmittel, aber auch ein paar Küchenutensilien und andere nützliche Dinge. Auch diese „Jetzt-kaufen-Liste" wird immer länger. Und, ganz zum Schluss, schreiben wir noch einen von uns beiden langgehegten Wunsch auf: Eine richtige Matratze; die bisherigen Nächte in der Hütte haben gezeigt, dass Luftmatratze und Isomatte auf Dauer doch sehr unbequem sind.

Am nächsten Tag räumen wir unser Zimmer im Deutschen Haus, das für uns zwei Wochen unser Rückzugsort war. Der Abschied von der Besitzerin und auch vom Hotel-Team ist herzlich, aber Vita und ich haben uns darauf verständigt, dass wir hier immer mal eine Auszeit vom Leben in der Taiga nehmen wollen, wenn uns danach ist. Ein einfaches Leben in der Natur – aber nicht dogmatisch. Und so wissen alle, dass es ein Wiedersehen geben wird.

Weil wir in den vergangenen Tagen viele Sachen schon ins Lehmhaus mitgenommen haben, sind unsere Rucksäcke halbleer; wir fahren mit dem Bus nach Cheremshanka und kaufen dort ein, was auf unserer Liste ganz oben steht und hier, in dem kleinen Laden zu bekommen ist – und noch in die Rucksäcke passt. Kurz vor der Kasse langen wir noch einmal schnell in die Speiseeis-Truhe und holen uns zwei leckere Sorten raus. Draußen machen wir uns gleich darüber her und checken gleichzeitig anhand unserer Liste, ob wir wirklich alles haben, was wir in den nächsten Tagen unbedingt brauchen. Schließlich ist das letzte Stück Eis weggeschleckt und wir machen uns auf den sieben Kilometer Fußweg zum Grundstück.

Zwei Tage genießen wir das neue Leben auf dem eigenen Grundstück, erkunden neue Gegenden, sitzen am Fluss, gehen einige Meter durch das Dickicht auf dem gegenüberliegenden Ufer, um dann zu erkennen, dass Taiga eben auch bedeutet: Nein, so mal eben durch die unberührte Natur zu laufen – geht nicht!

Kochen und essen schaffen wir zwar auch mit unserer Camping-Ausrüstung, aber auf Dauer soll es schon ein bisschen bequemer, einfacher und schneller gehen. Und dafür brauchen wir zum Beispiel zwei Teller, Besteck, Gläser, Kaffeefilter, Rührbesen, Wisch- und Putzlappen, Klopapier und noch viele andere Kleinigkeiten. So machen uns am dritten Tag wieder auf den Einkaufs-Weg: zu Fuß nach Cheremshanka, mit dem Bus nach Petropavlovka. Dort gibt es nicht nur einen größeren Lebensmittel-Laden, sondern auch ein kleines Kaufhaus, in dem es alles gibt, was man fürs Leben in Sibirien braucht. Wir bummeln dort durch alle Abteilungen, haken alle unsere Wünsche, die auf der Einkaufsliste stehen, nach und nach ab – bis am Ende auf der Liste nur noch unser, im wahrsten Sinne des Wortes, größter Wunsch steht: „Matratze, 140 mal 200 Zentimeter"! In der Betten- und Matratzenabteilung haben wir sogar die Auswahl, es gibt unsere Matratzen-Wunschgröße in „dick" und „sehr dick". Letztere sieht natürlich noch viel weicher, komfortabler und kuscheliger aus als nur „dick". Aber da wir uns nicht vorstellen können, überhaupt eine Matratze von hier bis zum Grundstück zu kriegen, entscheiden wir uns für die dünnere und damit auch ein bisschen leichtere Matratze. Der Verkäufer hilft uns, das Riesending zusammenzurollen.

Mit dieser Rolle, unseren ganzen Tüten und einem großen Rucksack fahren wir mit dem Bus zurück nach Cheremshanka. Hier kaufen wir in dem kleinen Laden noch die letzten Lebensmittel, gönnen uns wieder zwei Eistüten – und wandern dann nach Hause. Vita trägt den Rucksack, ich die gerollte Matratze, die Tüten tragen wir beide.

Natürlich stöhnen, schwitzen und fluchen wir; immer wieder müssen wir alles absetzen, eine Pause machen. Aber kaum ist die sprichwörtliche Last von uns abgefallen, versichern wir uns gegenseitig: Nie würden wir das hier für einen bequemen, langweiligen und deswegen eben auch belanglosen Einkauf in der Zivilisation eintauschen. Wir sind eben – angekommen.

Mindestens drei Mal die Woche gehen wir die sieben Kilometer zum Lebensmittelladen nach Cheremshanka. Oder fahren für das, was wir dort nicht bekommen, nach Petropavlovka. Und gehen dann eben später von Cheremshanka die sieben Kilometer zurück. Einmal, es ist ein besonders heißer Tag, können wir nicht widerstehen und kaufen in Cheremshanka eine sehr lecker aussehende, ungefähr fünf Kilo schwere Melone – die ich dann natürlich sieben Kilometer durch die Taiga schleppe.

Nach drei Wochen entscheiden wir: „So, wir sind genug gelaufen!" Und kaufen uns in dem Kaufhaus in Petropavlovka zwei Fahrräder; russische, ganz einfache. Damit radeln wir ab sofort durch die Taiga – na ja, das klingt schneller und einfacher, als es ist, denn die Hälfte des

Weges zwischen Cheremshanka und dem Grundstück sind Schiebe-Strecken – wegen der leichten Steigung, weil die Schlaglöcher zu groß oder die Fahrspuren einfach zu tief sind. Zudem sind wir ja immer mit gut gefüllten Rucksäcken und prallen Einkaufstüten unterwegs. Einmal auch mit zwei Stahlplatten und Kochringen für unseren Ofen auf dem Rücken – auch erstanden in dem kleinen, aber wie wir inzwischen gemerkt haben, sehr gut sortierten Kaufhaus in Petropavlovka.

Leider konnten wir uns einen Wunsch bislang weder in Cheremshanka noch in Petropavlovka erfüllen: Eine kleine, mobile Solarstromanlage, mit der wir unsere Handys laden können. Wieder ist es Juri, der uns hilft und uns bei seiner ohnehin anstehenden Fahrt nach Kuragino, ungefähr 100 Kilometer entfernt, in seinem Auto mitnimmt. Nach unseren wundervollen, aber materiell kargen Sibirien-Wochen ist eine Autofahrt für uns purer Luxus. Und auch der Bummel durch eine Stadt ist aufregend – auch wenn Kuragino es gerade mal auf rund 15.000 Einwohner bringt. Wir finden nicht nur eine gute Solarstromanlage, sondern kaufen auch zwei kleine 12-Volt-Lampen und einen passenden Akku – in der Hoffnung, dass die Solaranlage auch dafür genug Strom liefert. Nach so viel praktischen Dingen gönnen wir es uns, auch die große Auswahl an Leckereien zu probieren, die die Supermärkte hier bieten.

Nach einigen Tagen können wir feststellen: Unser Ausflug nach Kuragino war nicht nur schön, sondern auch erfolgreich: Die Solarstromanlage funktioniert super; wir müssen nicht mehr ständig die Akku-Anzeige der Handys im Auge haben, sondern können telefonieren und ins Internet gehen, so oft und solange wir wollen. Und, wie erhofft, liefert die Anlage genug Strom, um auch den Akku für die beiden 12 Volt-Lampen zu laden; zumindest jetzt an den langen und sonnigen Sommertagen. So müssen wir die Abende nicht mehr im Dunkeln verbringen, können am Tisch sitzen, werkeln, aufräumen oder lesen.

Der erste Monat ist um in Sibirien, auf unserem eigenen Grundstück, in unserem eigenen Haus, das ja nur ein windschiefes 1-Raum-Häuschen ist. Wir ziehen Bilanz und erkennen, wie sehr sich in diesen vier Wochen unser Leben, unsere Gedanken und unsere Zuversicht verändert hat.

Unsere ersten Tage waren begleitet von vielen Zweifeln und Fragen: Wie kommen wir ins Dorf? Können wir dort alles kaufen, was wir brauchen? Werden wir uns einsam und verlassen fühlen, vielleicht Angst haben so mitten in der Natur? Schaffen wir die viele Arbeit, die hier ansteht? „Kontakt" in die Welt konnten wir nur zu Fuß aufnehmen und, nur sparsam, per Handy. Dann kamen die ersten Ermutigungen: In Cheremshanka gibt es für uns genug zu essen. Wir schaffen es dorthin in jedem Fall zu Fuß, können inzwischen aber sogar mit dem Fahrrad fahren. Wenn es sein muss, gibt es Juri und sein Auto. Wir müssen nicht hungern oder frieren, wir sind nicht überfallen worden und auch sonst war und ist nichts bedrohlich oder beängstigend. Und seit einigen Tagen können wir mit unseren Handys so viel Kontakt mit der Welt aufnehmen, wie wir wollen. Jederzeit. Das ist vor allem für Vita wichtig. Der nun immer mögliche Kontakt ins Dorf und die Erreichbarkeit per Handy tragen viel dazu bei, dass Vitas bisherige Skepsis gegenüber unserer Hütten-Zukunft deutlich nachgelassen hat – was wir beide natürlich sehr schön finden.

Wir fühlen uns wohl hier, in der Taiga, auf unserem Grund und Boden, in unserem Häuschen. Probleme: Immer wieder mal – aber inzwischen haben wir die Zuversicht, dass wir sie lösen können; wenn nicht sofort, dann im Laufe der Zeit. Wenn etwas nicht auf Anhieb funktioniert, dann probieren wir es eben anders, und irgendwann geht es. Das freut uns, vor allem aber stärkt diese Erkenntnis unser Selbstvertrauen.

In den noch verbleibenden zwei Monaten unseres jetzigen Sibirien-Aufenthaltes gewöhnen wir uns weiter und immer mehr an unser neues Leben. Das Neue, das Unbekannte wird jeden Tag weniger und Vieles am Tag immer mehr zur Routine: Nach dem Aufstehen waschen wir uns entweder am Fluss oder, mit Plastikschüssel, vor der Hütte. Unser Standard-Frühstück: Brot, Marmelade, Käse, Wurst; ab und zu auch mal Eier, gekocht oder gebraten. Wir kochen auf dem Ofen in der Hütte, ich habe aber auch draußen einen Ofen aus Steinen gebaut. Nach dem Frühstück steht entweder einkaufen an oder Arbeiten an Haus und Grundstück: Holz sammeln, hacken, sägen. Ein Loch graben fürs Plumpsklo. Ein Podest bauen für einen Wasserkanister mit Hahn – für „fließendes" Wasser. Auf allen Wanderungen Ausschau halten nach essbaren Kräutern und Pilzen. Und ständig: Ideen entwickeln, was wir wo wie machen, bauen, verbessern können; entweder noch in diesen Wochen, oder aber in unserem kommenden Sibirien-Leben.

Der Kontakt mit unseren Nachbarn Igor und Tatjana ist freundlich, aber eher zurückhaltend. Das gilt für uns ebenso wie für die Beiden, so zumindest unser Eindruck. Wenn wir uns draußen sehen, grüßen wir und plauschen kurz, danach gehen wir unserer Wege. Ab und zu helfen sie uns aus mit Dingen, die wir nicht haben; Werkzeug, Küchenutensilien. Ich frage Igor auch mal, ob er eben bei etwas mit anfassen kann, oder er bittet mich um einen kleinen Gefallen. Zweimal haben wir uns auch gegenseitig zum Kaffeetrinken eingeladen; sie uns in ihr Blockhaus, und wir sie – draußen, vor unserem Häuschen. Für mich war diese Einladung der Anlass, einen rustikalen, aber stabilen Tisch zu zimmern; aus dem Holz, das ich auf dem Grundstück finden konnte, und natürlich alles in Handarbeit. Anstrengend, dauert lange – aber: es geht.

Das gilt übrigens, eine wichtige Erkenntnis, für alle Arbeiten: Alles, was wir in unserem Zivilisationsleben mal „eben so" machen, ist hier viel

Arbeit und dauert sehr lange. Ein Mittagessen zuzubereiten dauert Stunden, selbst wenn die Zutaten schon im Haus sind: Kein fließendes Wasser; nur wenige Gerätschaften, nicht immer die genau richtigen Zutaten, und alles nicht übersichtlich einsortiert, sondern überall verteilt; nur eine, kleine Arbeitsfläche. Aber immerhin: Auf dem Ofen haben wir ja zwei Kochstellen – dank der beiden Kochringe, die wir ja schon in unserer ersten Sibirien-Woche gekauft, und die ich durch die Taiga nach Hause geschleppt habe.

Ende September sind unsere ersten drei Sibirien-Monate um. Wir räumen Haus und Grundstück auf, packen unsere Rucksäcke, verabschieden uns von Igor und Tatjana. Die Beiden versprechen uns, dass sie unser Häuschen während unserer Abwesenheit immer im Auge haben und sich drum kümmern werden. Das beruhigt uns sehr. Dann holt Juri uns mit dem Auto ab und fährt uns nach Cheremshanka. Von dort fahren wir mit dem uns inzwischen schon sehr vertrauten Klapper-Bus nach Kuragino und steigen dort um in den komfortablen Fernreisebus, der uns nach Abakan zum Flughafen bringt.

Drei zuvor kaum vorstellbare, intensive Monate liegen hinter uns; wunderbar, aber sehr anstrengend, sowohl körperlich, als auch seelisch. Wir freuen uns schon aufs Wiedersehen – aber auch auf unser bequemes, aus unserer jetzigen Sicht geradezu luxuriöses Zuhause in Brandenburg, in dem wir uns vom Sibirien-Leben erholen können.

Nach drei Monaten in Sibirien, merken wir zurück in unserem Haus in Brandenburg vor allem zwei Dinge: Wir können nahezu endlos viel schlafen; zehn Stunden nachts sind kein Problem und wenn es passt, gern auch mittags noch ein Stündchen. Und: Es ist für uns unfassbar, wie leicht und luxuriös wir leben können – und in welchem Überfluss: Fließend Wasser auf Knopfdruck, unbegrenzt, kalt und auch warm. Ein

Klo mit Wasserspülung. Dutzende von Fläschchen, Gläschen, Töpfchen mit Chemie in Bad und Küche. Was für eine Riesen-Auswahl im Supermarkt. Und alles mit dem Auto bis ans Haus fahren.

Natürlich dauert es nicht lange, bis diese Erkenntnis zwar bleibt, aber wir sie wieder als selbstverständlich ansehen. Und den Überfluss, in dem wir leben und den wir nutzen, völlig normal finden. Gleichzeitig merken wir, dass uns nach und nach wieder die Dinge auffallen, die wir immer schon im „zivilisierten" Leben als nicht so schön empfunden haben: Enge, Hektik, Krach, Abgase – und manchmal das Gefühl von Sinnlosigkeit. Umso mehr genießen wir die Gedanken an Sibirien, die Erinnerung an unsere ersten drei Monate dort. Und das Wissen, dass das ja erst der Anfang ist.

Wir planen unsere Sibirien-Reisen im kommenden Jahr: Von März bis Juni werde ich allein dort sein, dann zurückkommen, und im Juli fliegen wir gemeinsam dort hin, bis September. Der Hauptgrund für dieses „Stückwerk": Ein russisches Besuchervisum gilt für maximal drei Monate. Danach muss man ausreisen und kann anschließend für einen Aufenthalt in dem Jahr noch einmal ein Visum für drei Monate Aufenthalt bekommen. Das gilt alles nur für mich; Vita ist Ukrainerin, sie braucht kein Visum und kann deswegen beliebig oft und lange nach Russland reisen.

Je konkreter meine Reiseplanungen werden, desto unruhiger werde ich – und bin froh, als es dann endlich wieder nach Sibirien geht.

Kapitel 2: Wir lernen zu leben – in Sibirien

Drei Mal Sibirien: allein, zu zweit, zu dritt. Unser erster Winter in Sibirien. Wir kaufen unser Dorfhaus. So ist unsere neue Umgebung. Planen und bauen auf der Farm.

Drei Monate Sibirien - allein

Im März 2015 fliege ich allein nach Sibirien. Hütte und Grundstück haben den Winter gut überstanden – auch dank unserer Nachbarn Igor und Tatjana, die immer wieder mal danach geschaut haben. Igor hat ab und zu Schnee vom Dach der Lehmhütte geräumt, der Winkel der Wellblechplatten ist manchmal wohl nicht steil genug, damit der Schnee von allein herunterrutscht.

Eine meiner ersten Aufgaben, die ich mir schon zuhause vorgenommen habe: Ich stecke mein Revier ab – zäune das Grundstück ein. Zumindest vor der Hütte und an den Seiten. Erstens ist mir das ein inneres Bedürfnis, zweitens haben Russen überhaupt kein Problem damit, auf ein fremdes Grundstück zu gehen oder auch mit dem Auto zu befahren – am besten bis direkt vor die Haustür. Einfach, um mal zu gucken, ob da jemand wohnt, und, wenn ja, wer. Das will ich auf jeden Fall verhindern.

Über Igor finde ich drei Helfer aus der Umgebung, die mir gegen ein kleines Entgelt bei den anstehenden Arbeiten zur Hand gehen; einer von ihnen bringt seinen alten Kleinbus mit, einen russischen Buchanka. Mit dem fahren wir in die Taiga, fällen ein paar hundert Birkenstämme, jeder ungefähr zehn Zentimeter dick und kappen sie, schon im Wald auf Länge: eineinhalb Meter für die Pfosten und drei Meter für die Querstämme. Mit dem Buchanka fahren wir die Stämme in mehreren Fuhren zum Grundstück, verteilen sie entlang der rund 500 Meter langen Grundstücksgrenzen.

Aus je drei 1,5 Meter langen Stämmen bauen wir ein Dreibein und nageln daran die jeweils zwei drei Meter lange Querstämme daran. Nageln – nicht schrauben? Ja, denn Schrauben sind hart; bewegt sich der Zaun bei Wind oder durch Schneelast, dann brechen sie. Nägel dagegen sind biegsam und halten die Querstämme fest. Und die Stämme auf der Erde halten länger, als wenn wir sie als Pfosten eingraben, denn in der permanent feuchten Erde würden sie schnell verfaulen.

Das nächste große Bauprojekt habe ich schon von Deutschland aus geplant: Ein Vorbau am Lehmhaus – das soll unsere Küche werden. Ich habe an den langen Winterabenden in Deutschland alles geplant, konstruiert und gezeichnet und vor meinem Abflug nach Sibirien das erforderliche Material per Mail beim Sägewerk in Petropavlovka bestellt: Bretter für Wände und Dach, Balken für die Konstruktion, Holz für die Inneneinrichtung, dazu Schrauben, Nägel und andere Kleinteile. Jetzt warte ich darauf, dass alle geliefert wird.

Es ist schon eine Menge Holz, was der Sägewerk-LKW dann ablädt: Zwei Kubikmeter Bretter und Latten für den Küchenanbau und die Inneneinrichtung. Und nun – ohne „richtigen" Strom? Mit meinem 12-Volt-Strom von der Solaranlage komme ich ja nicht weit. Nein – aber der liebe Gott hat uns ja ein viel besseres Werkzeug mitgegeben: Unsere Hände. In Petropavlovka habe ich mir schon Hammer, Säge, Nägel, Handhobel, Handbohrer und Schleifpapier gekauft; einige Dinge, die ich noch benötige kann ich bestellen und ein paar Tage später abholen.

Mit dem Material und den Hand-Werkzeugen mache ich den komplet-ten Anbau. Und die Einrichtung: Küchentisch und -stühle, Schränke, Sitzbank. Und danach noch mal eben ein Sofa und ein Bett. Geht nicht? Klar doch – in Sibirien geht alles. Es muss halt nur der Richtige kommen und machen. Eine tolle Erfahrung: komplett bauen alles von Hand. Ich bekomme eine Vorstellung davon, wie unsere Vorfahren gearbeitet ha-ben und erkenne: Erstens: es geht. Und zweitens: Es ist ja auch eine Form der Unabhängigkeit, der eigenen Kraft und Fähigkeit, nur mit den Händen zu bauen. Ein tolles Gefühl.

Drei Monate Sibirien – zu zweit

Mitte Juni fliege ich nach Deutschland – mache dort aber nur eine kleine Verschnaufpause, weil wir beide, wie geplant, schon ein paar Wochen später zusammen nach Sibirien fliegen. Für Vita ist es noch sehr aufre-gend – für mich ist es schon fast eine Rückkehr in mein neues Leben. In Cheremshanka kaufen wir noch und nur die allernötigsten Lebensmittel und wandern dann mit unseren vollgepackten Rucksäcken zur Hütte. Vita ist begeistert über den Anbau und die Küche, beides weihen wir sofort ein. Kochen wird mit und in der Küche zum Vergnügen; kein Vergleich zu dem bisherigen Aufwand. Und wir essen an einem richti-gen Tisch, sitzen auf richtigen Stühlen – und danach ausruhen auf dem neu gebauten Sofa. Was für ein Luxus.

Die nächsten Wochen erkunden wir weiter unsere nähere Umgebung, machen kleine Ausflüge zu Fuß oder auch mit den Fahrrädern, erledi-gen Alltags-Arbeiten und merken, wie sich langsam alles einpendelt und zurechtruckelt. Unser Sibirien-Leben wird normal – und das im positiven Sinne; immer mehr können wir uns vorstellen, dass wir hier und genau so die nächsten Jahre leben.

Was wir, vielleicht deswegen, merken: Igor und Tatjana sind nett. Aber sie sind Nachbarn – und das schränkt unser Gefühl von Freiheit und Unabhängigkeit auf unserem Grundstück doch ein bisschen ein. Wir stellen uns vor, wie es wohl ist, wenn wir dann doch vielleicht, irgendwann alles für uns haben, alleine wohnen. Das wird und soll aber noch dauern, denn im Moment ist es ja gut, dass das Grundstück rund ums Jahr bewohnt wird, und wir die Gewissheit haben, dass unsere Nachbarn sich um Hütte und Grundstück kümmern.

Nach drei Monaten Sibirien-Leben im eigenen Zuhause fliegen wir Anfang September 2015 zurück nach Deutschland – mit dem Gefühl, den Grundstein für unsere wunderbare Sibirien-Zukunft gelegt zu haben.

Dann aber werden unsere Sibirien-Pläne ziemlich durcheinandergerüttelt, jedenfalls zunächst einmal: Vita ist schwanger. Damit ändern sich, kurzfristig, unsere Reisepläne für Sibirien. Und langfristig? Leben in Sibirien, in der Taiga – mit einem Baba, mit einem Kleinkind? Wir machen uns viele Gedanken. Aber keine Sorgen. Irgendwie wird schon alles klappen.

Im Februar 2016 kommt Paulina auf die Welt – die uns in den nächsten Wochen und Monaten auf Trab hält; Sibirien rutscht für uns erst mal auf Platz 2. Aber je mehr wir den Baby-Alltag in den Griff bekommen, desto mehr Energie und Zeit bleiben für unsere Sibirien-Gedanken – und wir kommen zu der Entscheidung: Wir fliegen nach Sibirien. Und natürlich kommt Paulina mit.

Drei Monate Sibirien – zu dritt

Juni 2016: Auf nach Sibirien. Zu dritt! Und es gibt gleich noch eine zweite Veränderung: Ganz überraschend sind unsere Nachbarn Igor und Tatjana weggezogen, sie wollen näher bei ihren Verwandten sein. Wie in Sibirien üblich, haben sie ihre ja eigene Blockhütte auseinandergebaut, mitgenommen und an ihrem neuen Wohnort wiederaufgebaut.

Wir reisen also jetzt mit Baby und zum ersten Mal zu unserem jetzt unbewohnten Grundstück – beides empfinden wir als einen weiteren großen Schritt zu unserem endgültigen Sibirien-Traum. Wieder geht es von Berlin los und dieses Mal mit großem Gepäck: Wir haben zwei Koffer mit je gut 20 Kilo, Handgepäck, den Kinderwagen, dazu Hand- und Aktentasche und noch einige Tüten und Beutel, in denen auch eine Menge Baby-Kram steckt: Windeln, Fläschchen, Schnuller, Creme, Puder und die anderen vielen Kleinigkeiten. Beim Einchecken am Aeroflot-Schalter blicken sie uns erst abweisend an, aber als die Schalter-Angestellte merkt, dass ihre ironisch gemeinte Bemerkung „Wollen Sie etwa auswandern?" auf uns tatsächlich zutrifft, sind die vielen Kilos kein Problem. Wir beschreiben ihr in einem Satz unsere Zukunft, und sie wünscht uns alles Gute.

Wieder haben wir uns für die ersten Tage im Deutschen Haus einquartiert, werden dort inzwischen als Stammgäste aufs Herzlichste begrüßt. Alle nehmen teil daran, dass wir nun endlich und richtig auf unserem Grundstück einziehen. Am nächsten Tag kaufen wir eine Menge Lebensmittel ein, damit wir in unserer Hütte nicht verhungern. Und eine neue Matratze, nachdem die, die wir vor zwei Jahren gekauft, und die ich so mühsam durch die Taiga geschleppt habe, nun zwei sibirische Winter in der ungeheizten Hütte hinter sich hat.

Einkaufen ist einfach – aber wie sollen wir den ganzen Krempel zum Grundstück schaffen? Juri beruhigt uns: „Mit einem Pferdewagen!" Und den organisiert er für den nächsten Morgen, 10 Uhr. Ein Pferdewagen; in Sibirien die naheliegende Lösung – die uns Zivilisations-Menschen aber gar nicht (mehr) einfällt. Alles ist geregelt; entspannt genießen wir den Rest des Tages, ruhen uns aus, hängen unseren Hütten- und Zukunfts-Gedanken nach. Und freuen uns über Paulina, die von diesem ganzen Reise-, Einkaufs- und Umzugs-Rummel nichts mitbekommt und einfach nur zufrieden in unsere Welt lächelt.

Schon um sechs Uhr sind wir am nächsten Morgen auf den Beinen. Wir packen hin und her, frühstücken und stehen ab halb zehn mit all unserem Krempel vor dem Deutschen Haus. Wir können es kaum erwarten. Es wird zehn Uhr. Dann elf Uhr. Juri ist unterwegs, er kann uns nicht weiterhelfen. Um zwölf Uhr gehen wir ins Deutsche Haus, essen eine Kleinigkeit. Ab 13 Uhr warten wir wieder draußen.

Um 15 Uhr kommt eine Frau auf einem Fahrrad angefahren. Sie sei die Pferdewagen-Frau, es täte ihr leid, aber sie hätte heute Morgen ihr Pferd nicht finden können. Es sei nicht mehr auf der Weide gewesen. Dann aber habe ihr Nachbar das Pferd gefunden. Wenn wir noch wollten, könnte sie um 17 Uhr mit Pferd und Wagen hier sein, und uns dann fahren. Natürlich wollen wir, und so rollen wir an einem heißen sibirischen Sommer-Nachmittag auf einem Pferdewagen, mit all unserem Besitz darauf, inklusive der neuen Matratze, durch die grüne und üppig blühende Taiga – hin zum eigenen Haus und Hof.

Nach zwei Stunden sind wir da. Wir laden alles ab, bedanken uns bei der Frau, die sich noch einmal für die „Verspätung" entschuldigt. Dann fährt sie los. Wir sind für uns. Allein. Nur wir drei. Endlich keine Nachbarn mehr; Menschen, die schon da sind, wenn wir ankommen.

Zum ersten Mal seit unserer Ankunft in Sibirien vor drei Tagen, rundherum nur Stille. Die Sonne steht auch jetzt, gegen 19 Uhr noch hoch, es ist warm. Die Taiga duftet nach all ihren Wiesen, Blumen, Kräutern. Paulina schläft im Kinderwagen.

Wir gehen zum Haus, ich schließe das große Vorhängeschloss an der Tür auf. Innen ist alles so, wie wir es bei unserer letzten Abreise hinterlassen hatten. Ein bisschen Staub, ein paar Spinnenweben. Wir schleppen unseren ganzen Krempel in die Hütte; es dauert lange, bis wir unsere Klamotten, das Baby-Zeug, die Lebensmittel und alles andere so in der Hütte und dort sortiert haben, dass wir noch halbwegs wissen, wo was liegt. Ganz zum Schluss kommt die Matratze dran; erstens wollen wir uns damit belohnen, sie nach der ganzen Schlepperei endlich auszuprobieren und zweitens ist sie ziemlich schwer – weil wir, nach der bisherigen dünnen Ausführung, uns jetzt eine extra dicke und damit, hoffentlich, besonders bequeme Ausführung gegönnt haben. Nach einer kleinen Ruhepause legen wir los, wuchten die Matratze in die Hütte und lassen sie ins zuvor sauber gemachte Bett plumpsen – und uns gleich hinterher. Ja, die Matratze ist so bequem wie sie aussieht und wiegt. Jetzt noch die Decken und Kissen beziehen.

Abendessen. Wir holen Brot, Butter, Käse aus unseren Einkaufstüten. Und eine Flasche Wein, zwei Gläser. Wir essen auf der Bank vor der Hütte, der Kinderwagen mit Paulina steht uns gegenüber. Wir reden wenig, lauschen dem Gesumme der Bienen und dem Gesang der Vögel. Nach dem Essen laufen wir über die Wiese, barfuß, zum Fluss, ungefähr 100 Meter von der Hütte entfernt, und setzen uns ans Ufer, halten die Füße ins Wasser. Auch Paulinas. Unser Glück ist vollkommen.

Am nächsten Morgen stehen wir um sechs Uhr auf, wir können es kaum erwarten unser Zuhause zu bearbeiten, zu bewohnen und die vielen, in

Deutschland gemachten Pläne umzusetzen. Die Sonne steht noch tief, aber es ist schon hell, ein sanftes Licht. Und – wieder diese Stille, wieder dieser Duft. Draußen auf der Bank trinken wir einen ersten Kaffee, begrüßen den neuen Tag. Dann besprechen wir die ersten Arbeiten. Alles wichtig. Aber am wichtigsten: Ich baue für Paulina ein Bett. Holz habe ich von den Anbau- und Küchenarbeiten im letzten Jahr noch genug, schöne sibirische Lärchenbretter, die ich jetzt per Hand säge, schleife und zu einem kleinen Bett zusammenbaue. Eine wunderbare Arbeit, ein herrliches Gefühl.

Die nächste Aufgabe ist entschieden rustikaler: Aufräumen. Ich gehe kreuz und quer übers Grundstück, finde und sammele Dinge ein, die entweder unsere bisherigen Nachbarn Igor und Tatjana haben liegenlassen oder die von vorherigen Bewohnern des Grundstücks stammen. Das meiste ist reif für die Müllkippe – selbst hier in Sibirien, in dem man gern alles vielleicht irgendwie und irgendwann noch mal Verwertbare aufhebt.

Die Tage und Wochen vergehen; wir räumen weiter auf dem Grundstück herum, buddeln neue Löcher fürs Plumpsklo, schneiden Unkraut, räumen im Fluss und am Ufer Steine für eine Badestelle beiseite, erkunden zu Fuß die Gegend – mit Paulina auf dem Rücken in einer selbstgebauten Babytrage. Dazu die beiden immer wiederkehrenden und zeitaufwendigen Alltags-Arbeiten: Einkaufen und Kochen.

Während Kochen noch Spaß macht, empfinden wir die 14 Kilometer nach Cheremshanka und zurück immer mehr als Zeit- und Energiefresser – nach einem vierstündigen Einkaufs-Ausflug ist der halbe Tag vorbei und eine Mittagspause angebracht. Zudem es gibt immer mehr Arbeiten, für die ich Material nur mit einem Auto holen kann. Ab und zu war der Nachbar so nett, mir mit seinem Buchanka zu helfen, aber dieses „ab und zu" reicht nicht mehr, und ich suche nach einem eigenen Auto. Das spricht sich herum in Cheremshanka und schon einige Tage später werde ich Autobesitzer; kaufe ebenfalls einen Buchanka: alt, klapprig, aber er fährt. Und ich packe in ihn alles Mögliche und in allen Mengen rein: Baumstämme, Bretter, Kanthölzer, Zementsäcke, Sand, Steine, Werkzeug, Wassertanks, Fahrräder und alles, was ich sonst noch brauche oder irgendwie transportieren muss.

Wie vor gut 100 Jahren, beschleunigt das Auto auch jetzt bei uns in Sibirien den Lebenswandel erheblich: Ich repariere alle baufälligen Schuppen, bringe in der Hütte alles auf Vordermann, und so wird aus dem ursprünglich „einfach nur schiefen Lehmhaus" eine zwar noch, aber ziemlich komfortable Taiga-Hütte. Und immer öfter entscheiden wir uns, die 14 Kilometer nach Cheremshanka und zurück zur Farm mit dem Auto zu fahren. Zu Fuß gehen – war früher…

Im September sind meine drei Visum-Monate um, und wir fliegen wieder nach Deutschland. Aber – mit einem abenteuerlichen Gedanken im Kopf.

Unser erster Winter in Sibirien

November 2016. Wir fliegen wieder nach Sibirien. Im Winter. Mit Paulina, die jetzt acht Monate alt ist. Wieder wollen wir drei Monate bleiben. In einer 20 Quadratmeter großen Hütte, mitten in der sibirischen Taiga, sieben Kilometer entfernt vom nächsten Dorf. Bei Temperaturen bis zu minus 30 Grad, manchmal noch kälter. Wasser müssen wir aus dem Fluss holen (der bald zufriert), und 20 Meter von der Hütte entfernt ist unser Plumpsklo, Wir haben keinen „richtigen" Strom; nur unsere kleine Solaranlage, um zwei 12 Volt-Lampen zu betreiben und um unsere Handys aufzuladen. Wir haben einen kleinen Gaskocher und einen großen Holzofen. Und wir haben den Buchanka – ein an sich schönes Auto, das aber vor allem dafür bekannt, genauer: berüchtigt ist, sehr oft nicht anzuspringen oder liegenzubleiben.

Die Kommentare zu unserer geplanten Winterreise von unseren Freunden und Bekannten sind unterschiedlich. Wenige finden, dass das bestimmt ein „tolles Abenteuer wird", die meisten drücken uns die Daumen, aber einige scheinen zu überlegen, das Jugendamt oder den Kinderschutzbund darüber zu informieren, dass hier zwei offensichtlich durchgeknallte Eltern sich und ihre acht Monate alte Tochter in Lebensgefahr bringen…

Ich teile diese Bedenken nicht. Wir haben eine Hütte, einen Ofen, jede Menge Holz, Trinkwasser im Fluss, Handyempfang und Strom für die Akkus. Das sind meiner Ansicht nach beste Voraussetzungen für einen tollen Winter. Dazu habe ich mir vor einigen Wochen noch einen lang gehegten Wunsch erfüllt – und mir von einem Bekannten in Cheremshanka per Mail ein Schneemobil gekauft. Ein zuverlässiges, bewährtes Modell, gebraucht, aber in gutem Zustand. Gegenüber den Bedenkenträgern unserer Reise begründe ich den Kauf mit „das gibt uns mehr Sicherheit"; die „Das wird ja ein tolles Abenteuer"-Fraktion ist jetzt noch begeisterter.

Während unseres letzten Aufenthaltes in Sibirien vor einigen Monaten, haben wir unsere jetzt anstehende Winterreise schon vorbereitet: Brennholz gesägt, gespalten und dicht bei der Hütte aufgestapelt; selbst kleinste Löcher und Schlitze in den Hüttenwänden abgedichtet. Ich habe Ofen und Schornstein noch einmal gründlich unter die Lupe genommen, und über Wochen haben wir besprochen, welche Probleme im kommenden Winter auftauchen können – und was wir vorher tun können, um sie gar nicht erst entstehen zu lassen.

Die Reise von Berlin zur Hütte ist inzwischen schon fast Routine. Wir fliegen über Moskau nach Abakan, fahren dort mit dem Komfort-Bus bis nach Kuragino, steigen dort um in den Rüttel-Schüttel-Bus nach Cheremshanka. Ich bin schon sehr gespannt auf mein Schneemobil, zu dem ich mir, ebenfalls per Mail, noch einen Anhänger-Schlitten bestellt habe; beides steht, als wir in Cheremshanka ankommen, abholbreit beim Verkäufer.

Wir packen unser Gepäck in den Anhänger-Schlitten, nehmen Paulina zwischen uns auf dem Schneemobil – und sausen durch und über den November-Schnee die sieben Kilometer bis zur Hütte. Zwei Stunden später sind aus den minus 20 Grad draußen, 20 plus in der Hütte geworden. Wir essen gut und viel, Paulina schläft in ihrem Babybett.

Am nächsten Morgen kämpfe ich mich durch den meterhohen Schnee zum Fluss; die Axt und Schöpfkelle in der einen Hand, den 20-Liter-Kanister in der anderen. Ich hacke ein Loch in die 40 Zentimeter dicke Eisdecke, ungefähr 30 mal 30 Zentimeter groß. Darunter fließt frisches, klares und eiskaltes Wasser. Mit der Kelle schöpfe ich das Wasser in den Kanister. Den Kanister mit der Hand unter Wasser zu drücken und zu warten, dass er von allein vollläuft – ist nur auf den ersten Blick eine gute Idee: Die Hand im Wasser, etwas über null Grad kalt, würde noch gehen, aber zwischendurch, in der minus 20 Grad kalten Luft würde die nasse Hand eisig kalt werden. Und, noch eine Weisheit: Die Schöpfkelle sollte aus Plastik sein – Metall kann bei diesen Minustemperaturen an der Haut festfrieren.

Zurück zur Hütte, Topf auf den Ofen, Wasser rein. Nach 20 Minuten ist das Wasser gut 40 Grad heiß, ich kann gerade noch so die Hand reinhalten. Ich kippe zwei Liter davon in eine Schüssel, gebe flüssige Seite dazu – und hinein mit Paulinas vollen Baumwoll-Windeln, die seit Stunden ihren Duft in der Hütte verbreiten. Als sie sauber sind, kocht das restliche Wasser in dem Topf, den ich auf dem Ofen habe stehenlassen: ich gieße den Frühstückskaffee auf. Vita hat inzwischen Paulina gewickelt, gefüttert und ein rustikales Frühstück zubereitet. Dazu der frische Kaffee – wie sind die zuhause eigentlich darauf gekommen, uns für verrückt zu halten…?

Der Beginn unseres neuen Winter-Lebens, die überwältigende Natur, dazu meistens Wintersonne – all das hat natürlich für eine Euphorie gesorgt in den ersten Tagen. Dann aber wird das Wetter schlechter, nur noch wenig Sonnenlicht am Tage, Stürme und Schnee in den Nächten. Nach und nach haben sinkt unsere Stimmung, die harte Realität des sibirischen Winters und der engen Hütte holt uns ein.

Kein Wunder, dass es nicht mehr lange dauert, bis es zu den ersten Unstimmigkeiten zwischen Vita und mir kommt, die dann auch mal in heftige Streitereien ausarten. Wie meistens, sind es nur Kleinigkeiten. Immerhin: Wir erkennen, dass es nichts Persönliches ist, dass es die Enge in der Hütte ist, die uns dünnhäutig werden lässt, und wir finden schnelle, einfache, wenn auch nicht immer funktionierende, Lösungen: Wir hängen zum Beispiel ein Bettlaken mitten in der Hütte auf, und jeder bleibt auf „seiner" Seite. Oder nach einem Streit vereinbaren wir ein dreistündiges Sprechverbot. Oder ich sage Vita, dass ich jetzt für eine Stunde in die Taiga abhaue, entweder zu Fuß oder mit dem Schneemobil – und natürlich bleibe ich auf keinen Fall länger, komme eher ein bisschen früher zurück, damit Vita sich keine Sorgen macht.

Nach der einen Stunde haben wir uns beide beruhigt und sprechen über die Situation und über den Auslöser unseres Streits. Wir entschuldigen uns für Dinge, die wir uns gegenseitig an den Kopf geworfen haben – und alles ist wieder gut. Einmal pro Monat gönnen wir uns die ganz große Entspannung: Vita und Paulina ziehen für drei Tage ins Deutsche Haus, erholen sich dort vom Hüttenlieben und vom gestressten und deswegen nervenden Mann und Vater. Und umgekehrt: Ich genieße das Alleinsein in der Hütte, komme zur Ruhe, erkenne, was wirklich wichtig ist – und freue mich darauf, dass Vita und Paulina bald wieder zurückkommen.

Weihnachten 2016. Im Dorf kaufen wir eine Ente, eine Flasche Wein und Lebensmittel. Traditionell essen und lieben wir zu Weihnachten Grünkohl, aber den gibt es in Russland nicht. Wir nehmen stattdessen Weißkohl mit Kartoffeln. In der Hütte bereitet Vita die Ente zu, ich lege noch einmal ordentlich Holz in den Ofen. Dann stellt Vita das Blech mit der Ente auf den Ofen – und in den nächsten Stunden verbreitet sich in der Hütte ein leckerer Bratenduft. Wir verbringen auch hier in Sibirien Weihnachten so, wie wir es mögen: ruhig, ohne andere Menschen, ohne Geschenke-Stress. Nur wir und Paulina, ein gutes Essen, ein Glas Wein. Ein schönes Weihnachten – unser erstes in Sibirien.

Wir können nur bis Mitte Januar bleiben, weil mein Visum dann abläuft. Und – wir sind beide froh darüber; freuen uns auf Deutschland. Auf unser schönes Haus – groß, warm, eingerichtet und ausgestattet mit allem, was das Leben angenehm und einfach macht. Auch und vor allem im Winter.

Vita hat aus dieser Winterzeit in der Hütte eine Erkenntnis für sich gezogen: Ja, sie kommt mit nach Sibirien, auf Dauer, endgültig. Aber nur, wenn wir zusätzlich zur Hütte noch ein Haus im Dorf kaufen. Das ist eine klare Vorgabe von ihr. Ich denke nach: Ein Dorfhaus würde viele Dinge entspannter machen, trotz der Kosten und der Mehr-Arbeit, die damit verbunden ist. Und zudem ist es ja von Vita eine klare Ansage – mit der ich gut leben kann. Denn auch ich habe gemerkt: Ja, ich liebe das Leben in der Hütte, die raue, eindrucksvolle Natur, die Einsamkeit. Aber erstens kann ich das gut auch mal allein machen, ohne Vita und Paulina. Und zweitens: Nach ein paar Wochen Hütten- und Taiga-Leben in einem gemütlich Dorfhaus in eine heiße Wanne zu steigen – der Gedanke gefällt mir…

Neben der Erkenntnis, dass wir ein Dorfhaus brauchen, ziehen wir ein weiteres Fazit aus diesen drei Monaten: Viele Paare, die wir kennen, hätten eine solche Wohn- und Lebenssituation vermutlich nicht ausgehalten, hätten aufgegeben, wären nach drei Wochen wieder in Deutschland gewesen. Oder in Gewalt verfallen. Wir aber haben es besser gemacht – und geschafft. Und: In so schwierigen Situationen zeigt sich ja auch, ob du zusammenpasst, ob du zusammenbleiben willst, ob du bereit bist, schwierige Situationen nicht nur auszuhalten, sondern auch darüber zu reden.

Streitthemen gehen ja nicht von allein weg, wir müssen uns um sie kümmern, sie auflösen. Das geht nur, wenn man miteinander darüber redet. Und das können wir, das konnten wir schon in diesem ersten Winter. Sonst hätten wir es nicht bis zum Januar geschafft. Deutlicher könnte also das Ergebnis für uns und unsere Beziehung nicht sein: Wenn wir es in so einer Stress-Situation schaffen – dann in einem normalen Leben auf alle Fälle.

Wir sind erleichtert. Die Anstrengungen der letzten drei Monate sind verflogen, wir haben uns über alles ausgesprochen und uns nicht nur noch einmal für eine gemeinsame Zukunft entschieden – sondern auch dafür, dass sie in Sibirien sein soll: Raus aus der Zivilisation, aus unserer Komfortzone, zurück zur Natur.

Das hat uns (wieder) lebendig gemacht. Und ich glaube, dass es nicht nur uns so geht:

Wir sind eine totale Wohlstandsgesellschaft geworden. Wir werden und sind verwöhnt, wir haben keinen Spannungsbogen, kein Durchhalte-vermögen, wir trauen uns immer weniger zu. Wir vertrauen unseren Gefühlen nicht, sind taub gegenüber dem, was unser Bauch sagt. Statt-dessen lassen wir unsere Gefühle durch ein logisches Raster und Sieb laufen und kontrollieren dann, was wir fühlen dürfen. Und was nicht. Ja, ich kann verstehen, dass Mütter sich große Sorgen um „die arme Paulina" gemacht und sich zum Teil auch darüber aufregt haben, dass wir mit einem Säugling einen Winter in Sibirien verbringen wollten. Aber wir haben nur das gemacht, was Eltern und Säuglinge seit Beginn der Menschheit und noch bis vor 200 Jahren gemacht und geschafft ha-ben. Wenn das nicht funktionieren würde, wäre die Menschheit doch schon längst ausgestorben.

Eine weitere Erkenntnis: Sich zu streiten – ist meistens sinnlos. Okay, es ist ein gutes Gefühl, mal Dampf abzulassen. Aber wenn wir danach noch weiterstreiten, führt das zu nichts. Weil wir nicht nach einer Lö-sung suchen, nach einer Vereinbarung, mit der beide leben können. Stattdessen streiten wir nur, weil wir Recht haben wollen. Ich erinnere mich an einen Streit, ausgelöst dadurch, dass Vita immer wollte, dass ich neues Wasser vom Fluss hole, auch wenn noch zehn Liter im Kanis-ter in der Hütte waren. Ihr reichten diese zehn Liter nicht; sie hatte

Angst, dass das nicht genug Wasser ist. Aus meiner Sicht wollte sie ihren Willen durchsetzen – und ich sollte dafür „arbeiten". Und aus ihrer Sicht wollte ich Recht haben. Darüber haben wir dann gestritten.

Erst nach dem Streit, als ich mich beruhigt hatte und wieder logisch denken konnte, habe ich erkannt, dass ein Wasservorrat für Vita eine andere Wichtigkeit hat als für mich. Und dass es an sich schon Blödsinn war und ist, darüber zu streiten, ob zehn Liter Wasser nun ausreichend sind oder nicht – und eben ganz besonders blödsinnig ist es dann, wenn der Streit geführt wird von einer Mutter, die in einer kleinen Hütte bei draußen minus 20 Grad ihre acht Monate alte Tochter zu versorgen hat, und von einem Mann, der zwar Vater ist, aber eben auch ein Abenteuer-Typ, für den die momentane Situation ebenso komfortabel und sicher ist, wie der Plausch im heimischen Wohnzimmer. Ich habe in dem Moment einfach nicht gesehen, dass es doch völlig logisch ist, dass Vita sich natürlich sehr viel mehr Sorgen macht, wenn „nur" noch zehn Liter Wasser in der Hütte sind, als ich.

Dazu kam die Enge in der Hütte, unsere ständige Anwesenheit von uns beiden. Im normalen Leben, Haus oder Wohnung, verbringen wir die meiste Zeit des Tages getrennt voneinander: Wir sind auf der Arbeit, unterwegs zu anderen Terminen, und wenn wir dann beide im Haus sind, gibt es immer Rückzugs-Möglichkeiten.

Das ist gut – bringt aber eine andere Gefahr mit sich: Dass Streit-Themen unter den Teppich gekehrt werden; dass Probleme nicht offensichtlich werden und wir sie stattdessen irgendwo in uns „vergraben". Auch das haben Vita und ich nach unserer Rückkehr nach Deutschland gut hingekriegt: Wir haben lange und oft über diese drei schwierigen Sibirien-Monate gesprochen. Nicht darüber diskutiert, nicht gestritten. Sondern wir haben uns gegenseitig erzählt, was jedem von uns in den jeweiligen Situationen durch den Kopf gegangen ist, was wir gefühlt haben.

Veränderung findet immer in uns selbst statt. Wissen und Weisheiten sind gut, aber sie reichen meistens nicht als Antrieb aus, um sich Veränderungen zu erarbeiten. Vor dieser schwierigen Arbeit drücken wir uns, solange es geht. Wir nehmen diese schwierige Aufgabe erst in Angriff, wenn wir genug (bittere) Erfahrungen gemacht haben, oft enttäuscht wurden und gescheitert sind. Erst wenn der Leidensdruck größer ist, als der Wunsch, doch alles so zu lassen wie es ist, sind wir bereit, Dinge und auch uns zu verändern. Dann aber sind wir mit ganzem Herzen dabei – und haben damit die besten Chancen, dass es auch klappt.

Wir kaufen unser Dorfhaus

Sommer 2017: Wir sind wieder in Sibirien. Weil mich das schon immer gereizt hat, habe ich mir vor einigen Monaten in Berlin einen gebrauchten Land Rover gekauft, habe ihn ein paar Wochen durchgecheckt – und bin dann mit dem Wagen die rund 6000 Kilometer hierhergefahren. Vita und Paulina sind ein paar Wochen später mit dem Flugzeug nachgekommen. Unser wichtigstes Projekt in den nächsten Wochen: Wir wollen, wie geplant und gemeinsam vereinbart, ein Haus in Cheremshanka kaufen. Das wird dann unser Dorfhaus und das Zuhause von Vita und Paulina. Im Sommer werden beide aber sicher auch oft in der Hütte sein – und ich im Winter häufig im Dorfhaus.

Wir schauen uns einige zum Verkauf stehende Häuser an und entscheiden uns schon nach wenigen Tagen für eine Doppelhaushälfte, ein einstöckiges Haus, rund 70 Jahre alt, mit einer Grundfläche von rund zehn mal acht Metern und mit einem 1200 Quadratmeter großen Garten. Die Bausubstanz ist so weit in Ordnung, aber ich muss doch einiges renovieren, damit und bevor Vita und Paulina hier einigermaßen komfortabel wohnen können: neue Fußböden rein, Wände zum Teil neu verputzen und streichen, Doppelglasfenster einbauen. Arbeiten, die ich in den nächsten Wochen erledige – dann ziehen Vita und Paulina in ihr neues Zuhause ein. Und auch ich freue mich schon darauf, im Winter dem Hüttenleben und den eisigen Temperaturen in der Taiga für ein paar Tage zu entfliehen, und stattdessen den Komfort eines echten Hauses zu genießen – vor allem, wenn ich es dann in ein oder zwei Jahren richtig renoviert und modernisiert haben werde, und das Haus dann auch ein schönes Badezimmer mit einer echten Toilette und vielleicht auch einer schönen Sauna haben wird.

Mit dem Dorfhaus ändert sich auch unser Leben und unsere Lebens-Perspektive: Bislang waren wir immer nur für ein paar Monate in Sibirien, nur für einen begrenzten Zeitraum. Als unseren Lebensmittelpunkt haben wir deswegen noch immer Deutschland angesehen – Vita sicher noch mehr als ich. Dort haben wir ein schönes Haus in der Nähe von Beelitz, dort ist meine Familie, sind die langjährigen Freunde. Mit einem eigenen Haus in Sibirien ändert sich das jetzt. Wir betrachten das Dorf und seine Menschen nicht mehr als Einwohner, sondern zunehmend als Nachbarn, mit denen wir die nächsten Jahre, vielleicht sogar den Rest unseres Lebens verbringen werden. Zu dieser neuen Perspektive trägt auch bei, dass ich inzwischen eine fünfjährige Aufenthaltsgenehmigung bekommen habe, ich fühle mich halb eingebürgert.

Was sich mit den jetzt zwei „Zuhauses" auch ändern wird, ist unsere Lebensform: Wer von uns ist wann wo und wie lange? Wie wird sich das anfühlen? Welche Probleme können sich da auftun? Vor einem halben Jahr haben wir noch zu dritt in einer 20 Quadratmeter kleinen Hütte gewohnt, den Winter verbracht – jetzt pendeln wir zwischen zwei Wohnorten hin und her.

So ist unsere neue Umgebung

Sieben Kilometer sind es von der Farm bis ins Dorf. In der Anfangszeit, zu Fuß, ein langer Weg; mit den Fahrrädern ging es etwas schneller, jetzt, mit dem Auto, noch schneller. Aber es gilt das Sprichwort: Lieber schlecht gefahren als gut gelaufen – denn das Wort „Weg" ist schon eine ziemliche Übertreibung für diese zwei Fahrspuren. Auf den Ebenen kann man gut laufen und auch hier und da Fahrrad fahren, aber an den Steigungen haben die Autoreifen zwei tiefe Furchen und Schlaglöcher in den Taigaboden gefräst. Im Sommer, bei langer Trockenheit, geht es hier mit dem Auto zwar langsam, aber sicher voran. Bei Regen aber füllen sich Furchen und Schlaglöcher mit Wasser, und man hat keine Ahnung, wie tief die Löcher sind, wie hoch darin das Wasser steht. Und im schlimmsten Fall ist alles nur noch eine Schlammwüste, in der kein Durchkommen ist. Weder zu Fuß, noch mit dem Buchanka oder mit dem Land Rover. Dieser Zustand gilt für die Zeit der Schneeschmelze, der so genannten „weglosen Zeit" zum Ende des Winters: Der Schnee schmilzt zwar schon, aber das Schmelzwasser kann nicht versickern, da Boden noch gefroren ist. Dann heißt es: Bleiben, wo du gerade bist. Oder irgendeinen anderen Weg suchen und, mit viel Glück, finden.

„Unser" Dorf Cheremshanka hat knapp 1000 Einwohner. Sie wohnen entweder entlang der asphaltierten Hauptstraße oder an einer der geschotterten oder auch völlig unbefestigten Querstraßen. Die typisch sibirischen, bunt bemalten Häuser findet man kaum noch; häufiger gibt es hier und da noch die blauweißen Fensterläden. Die Häuser sind vor allem zweckmäßig, überwiegend noch aus Holz, aber inzwischen ab und zu auch aus Stein. Zu jedem Haus gehört ein Garten, zwischen 1000 und 2000 Quadratmeter groß und überwiegend mit Gemüse bepflanzt ist – „schöne" Gärten wie in Deutschland, mit ausschließlich Blumen, sind hier wie auch in ganz Sibirien unüblich – die Selbstversorgung steht überall im Vordergrund.

Lebensmittel gibt es in einem kleinen Supermarkt, darin auch eine Art Café mit frischem Kuchen und Kaffee-Ausschank, bei dem selbst ein Latte Macchiato zu haben ist. Ein Klamottenladen, drei Krämerläden und eine Apotheke vervollständigen die Versorgung. Dazu gibt es einen Kindergarten, eine Schule, zwei Kirchen, eine Krankenstation und ein, für ein so kleines Dorf, überraschend großes Kulturhaus. In dem spielt sich vor allem im Winter das soziale Leben ab: Theater, Musik, Tanz, aber auch gemeinsames Nähen, Singen, Töpfern, Schmiede- und Schnitzkurse und andere gemeinsame Hobby-Aktivitäten – alles organisiert und gemacht von und für die Dorfbewohner.

Wenn das Angebot in Cheremshanka nicht reicht, fahren wir fünf Kilometer weiter, nach Petropavlovka. Hier steht nicht nur das Deutsche Haus, in dem wir ja in unseren ersten Sibirien-Jahren viele Tage und Nächte verbracht haben; es gibt eine Tankstelle, ein Restaurant, das schon oft erwähnte kleine Kaufhaus und ein großes Sägewerk.

80 Schotterstraßen-Kilometer weiter westlich liegt Kuragino, mit rund 15.000 Einwohnern schon eine echte Stadt – für uns, wenn wir nach längerer Zeit aus der Einsamkeit mal wieder hierherkommen. Wichtig für uns sind in Kuragino vor allem zwei Dinge: Die Bank und der Baumarkt. In dem bekomme ich nicht immer alles das, was ich brauche, aber das Angebot ist schon viel größer als in unseren beiden Dörfern. Und, auch wenn wir es noch nicht gebraucht haben und die Daumen drücken, dass das so bleibt: Kuragino hat ein Krankenhaus.

Und schließlich, 200 Kilometer von uns entfernt: Abakan. Die Stadt hat 150.000 Einwohner, einen Flughafen und alles, was wir überhaupt jemals brauchen werden. Hier regele ich meinen Papierkram mit den Behörden, kann auch deutsche Papiere amtlich ins Russische übersetzen lassen. Hier bekomme ich im Baumarkt auch sehr spezielle Dinge, egal, ob Baumaterial oder Werkzeug. Und schließlich nutzen wir in Abakan die Annehmlichkeiten der Großstadt: einkaufen, bummeln, essen gehen, Kino.

Planen und bauen auf der Farm

„Grundstück", „Lehmhaus", „Hütte" – irgendwann habe ich gemerkt, dass all diese Worte nicht wirklich passen. Im russischen ist mein Besitz ein Hutor, ein Bauernhof. Das Wort habe ich dann auch eine Weile benutzt, aber – ein Bauernhof ist es ja auch nicht. Meinen Zukunftsplänen am nächsten kommt der Begriff „Farm": Eine Hütte oder ein kleines Haus mit einem großen Garten, in dem alles wächst, was ich brauche. Dazu Hühner und vielleicht ein paar Ziegen. Mein Traum von der Selbstversorgung. Klar, meine zehntausend Quadratmeter sind auch nicht gerade das, was man unter einer Farm versteht – aber dieser Begriff hat sich inzwischen bei uns so ergeben.

Zu einer Farm passt gut mein aktuelles Bau-Projekt; Ich baue ein Tipi – das wollte ich immer schon haben. Ein Tipi ist von der Form her ein Indianerzelt, aber eben nicht aus Fellen, sondern aus Holz. Mit einer Feuerstelle in der Mitte, um die man drum herum gemütlich sitzen kann – mit Nachbarn, Freunden, vielleicht sogar später mal mit Gästen. Gedanken habe ich mir schon gemacht, auch ein paar Bauskizzen, deswegen ist der Bau relativ einfach und unkompliziert: Ich nehme ungefähr acht Meter lange Birkenstämme, stelle sie in einem Kreis mit einem Durchmesser von sechs Metern und lasse sie oben zur Mitte abkippen, richte sie so aus, dass sie alle gut ineinander und damit feststehen. Ich befestige sie miteinander und verkleide die Wände des Tipis mit Brettern, lege darüber, als Wind- und vor allem als Nässeschutz, Teerpappe. Die muss ich demnächst aber unbedingt noch schützen, damit sie nicht einreißt und keine Löcher kriegt. Das will ich mit Holzschindeln machen, die ich festnagele. Und natürlich sehen die Schindeln viel besser aus als die schwarze Teerpappe.

Auf der Farm hole ich mein Trinkwasser aus dem Fluss, vom eigenen Flussufer, ungefähr 100 Meter vom Haus entfernt. Ich nehme einen 20-Liter-Kanister, mache ihn voll und trage, schleppe ihn in die Hütte. Natürlich mache ich mir jedes Mal Gedanken darüber, wie ich das Wasserholen vereinfachen kann – aber bislang haben alle meine Ideen dazu erhebliche Nachteile. Am einfachsten wäre natürlich eine Pumpe, angetrieben mit Solarstrom, damit hätte ich fließendes Wasser in der Hütte. Das würde gehen, bringt aber andere Probleme mit sich: Kabel; die können beschädigt werden. Und Kontakte; die können rosten. Und ich muss vor jedem Winter die Pumpe abmontieren und im Frühjahr wieder anschließen. Die Pumpe wäre zudem nur eine Sommerlösung;

im Winter bliebe der harte Weg: Ich muss einen Weg durch den Schnee schippen, das Eis aufhacken. Kanister vollmachen. Immerhin hat der Winter den Vorteil, dass ich den vollen Kanister über den Schnee ziehen kann, was leichter ist, als ihn zu tragen. Und was ist mit dem alten Trapper-Trick, Schnee in einen Topf zu tun und aufzutauen? Im Notfall – okay. Aber von einem 5- Liter Topf voll Schnee hast du am Ende einen halben Liter Wasser. Da sind die 20 Liter auf einen Schlag unterm Strich bequemer. Und es schneit ja nicht jeden Tag; wenn du einmal deine Spur durch den Schnee gegangen bist, am besten mit Schneeschuhen, dann bleibt die Spur ja für einige Tage, manchmal auch für eine Woche.

Wenn ich also leichter und schneller an Wasser kommen will, gibt es nur eine Lösung: Ich muss mir einen Brunnen bohren lassen. Das ist, auch nach vielen Gesprächen mit meinen russischen Nachbarn, die beste Lösung. Aber leider auch die teuerste. Die Sache hat ja keine Eile, noch mal ein bisschen sacken lassen, ein paar Angebote von Brunnenbohrern einholen, dann entscheiden.

Schneller ging die Erweiterung und Verbesserung meiner Stromversorgung: Ich habe ein zwei Quadratmeter großes Solarpanel aufgestellt, das liefert ausreichend Strom, einen Teil davon sogar als normalen 220 Volt Wechselstrom. Die bisherige kleine 12-Volt-Anlage funktioniert zwar noch, aber die Stromausbeute ist im Winter, bei den dann nur kurzen Tagen, ein bisschen knapp.

Die bessere Wasser- und Stromversorgung eröffnet auch konkrete Perspektiven, eine schon längere Idee jetzt in Angriff zu nehmen: Eine Hütte für Gäste zu bauen. Dabei denke ich erst einmal gar nicht an eine kommerzielle Vermietung an fremde und zahlende Gäste, sondern an Freunde und Familie aus Deutschland, die ja alle sehr interessiert sind an unserem Sibirien-Leben und die uns dann gern auch ein oder zwei Wochen besuchen können.

Und, wie immer, wenn mich eine neue Idee erfasst, will ich sofort loslegen. Ich sortiere meine Ideen dazu, plane, messe, konstruiere. Eigentlich stelle ich mir bei einem Gästehaus, noch dazu in Sibirien, ein schönes, solides Blockhaus vor; dicke Stämme aufeinandergelegt. Aber dafür bin ich jetzt zu ungeduldig; ein Blockhaus ist mir im Moment zu aufwändig. Stattdessen entscheide ich mich für eine recht einfache Ausführung: Balken als tragende Konstruktion, Holzwände, die Dachflächen aus Holz, darauf Teerpappe. Dazu ein paar Beton-Fundamente gießen, drei 12-Volt-Leuchten. Vielleicht noch eine kleine Küchenecke. Alles ohne große Isolation, die Hütte soll nur fürs Wohnen vom späten Frühling bis frühen Herbst sein; vielleicht ein kleiner Ofen für die kühlen Abendstunden.

Vier Wochen später ist die Gästehütte fertig. Ich habe sie fast allein gebaut, nur bei den Fundamenten und beim Dach haben zwei Nachbarn geholfen.

Der Bau dieser Hütte steht für das „Lebensprinzip Sibirien": Ich habe eine Idee. Ich lasse die Idee ein bisschen reifen; finde heraus, ob ich sie gut ist. Wenn nicht, ist die Sache erledigt. Wenn ja – lege ich sofort los. Ich muss niemanden um Erlaubnis fragen, ich brauche keine Genehmigungen, bin auf niemanden angewiesen, von niemandem abhängig. Und ich weiß nicht nur, wie es geht – ich kann es auch.

Nach einem langen Arbeitstag gehe ich an meinem Lieblingsplatz meiner Lieblingsbeschäftigung nach: Sitzen an „meinem" Fluss und nichts tun. Es war ein ungewöhnlich warmer Tag für Ende September, und auch jetzt, am frühen Abend, lässt es sich draußen noch gut aushalten.

Das Wasser des Flusses gurgelt gleichmäßig und wirkt beruhigend; es ist das einzige Geräusch. Auch Mücken gibt es keine mehr so spät im Jahr.

Ich denke zurück an den März 2014, an den Tag, als Vita und ich zum ersten Mal hier auf dem Grundstück waren, in der Blockhütte, mit und bei den damaligen Mietern. Alles war tief verschneit, der Fluss war von der Hütte aus nur zu erahnen. Für ein paar Minuten hatte ich mich damals aus der Hütte verdrückt, vor der Tür gestanden und mir mit Blick über das verschneite Grundstück meine Zukunft vorgestellt.

So viel hat sich in diesen drei Jahren verändert: Die ursprüngliche 20 Quadratmeter-Hütte habe ich inzwischen durch einen Anbau vergrößert. Es gibt eine winterfeste Blockhütte und ein Sommer-Haus für Gäste. Eine Solaranlage liefert Strom; ich habe Licht in den Hütten, kann Handy, Computer und andere elektrische Geräte benutzen; eine elektrische Pumpe sorgt für fast fließendes Wasser aus dem eigenen Brunnen. Ich habe zwei Autos, den Buchanka und den Land Rover; ein Schneemobil, mit Anhänger. Und in Cheremshanka haben wir noch ein Dorfhaus, Vitas und Paulinas Zuhause.

Das Leben von uns Dreien, das Wohnen an zwei Orten, hat sich schon ziemlich zurechtgeruckelt. Ich bin fast immer auf der Farm, kann hier meine Lebensträume, meine Unruhe und meine Abenteuerlust ausleben, ohne Vita und Paulina damit auf die Nerven zu gehen. Und wann immer es passt, kommen wir zusammen, auf der Farm oder auch im Dorfhaus, bleiben beieinander, genießen unser Leben. Und gehen, nach einer schönen Zeit zu dritt, wieder in unsere jeweiligen Leben. Das passt einfach.

Endlich. Denn die Erkenntnis, dass Zufriedenheit keine Frage des Geldes, des Lebensstandards und anderer materieller Dinge ist, klingt ja banal. Trotzdem hat es bei mir ein halbes Leben gedauert, bevor ich mich davon habe leiten lassen. Und meinen Weg hierher und, vor allem, zu mir selbst gefunden habe.

Kapitel 3: Von Beelitz nach Sibirien

Mein Leben vor Sibirien

Geboren bin ich 1968 und aufgewachsen in Buchholz, in der Nähe von Beelitz, Brandenburg. Wir hatten einen Bauernhof, ich bin also schon mit ziemlich viel Natur groß geworden. In der Grundschule fiel ich mit meinem Natur-Tick nicht auf, denn viele aus der Klasse kamen ja auch vom Hof. Später war das dann anders, da fing es auch an, dass ich ab und zu wegen meiner komischen Natur-Ideen als „verrückt" galt.

Mit acht Jahren fordert die Dorf-Tradition ihren Tribut: Ich bekomme eine Trompete in die Hand gedrückt – und Glückwünsche, dass ich nun Mitglied im Beelitzer Volksmusikkreis bin. Ich bin unmusikalisch, habe keine Lust auf das Ding – und für die nächsten Jahre wird der frühe Montagabend für mich zum ungeliebten Pflichttermin „19 Uhr: Trompetenunterricht". Musik zu machen könnte ich mir zwar irgendwie noch vorstellen, aber das Ab- und Nachspielen von Noten finde ich stupide. Meinen Trompeten-Lehrer interessiert das nicht: „Du bist jetzt Mitglied und da hat jeder so zu spielen, dass es passt. Egal, ob das nun Spaß macht oder nicht."

Trotz meines jahrelangen Widerstandes werde ich mit 15 Jahren doch noch ein leidenschaftlicher Trompeter: Zusammen mit anderen Jugendlichen aus dem Musikkreis treffen wir uns, spielen, worauf wir Lust haben, improvisieren; wir „rebellieren". Erst heimlich, auf diesem oder jenem Dachboden, später auch öffentlich, als Band. Endlich spiele ich das, was mir Spaß macht.

Nach den zehn Jahren Schule mache ich eine Maurer-Lehre; ich lerne viel, meistens auch gern. Dass ich mich ab und an mit dem Meister oder anderen Chefs anlege, kommt ja in einer Lehre immer mal vor…

Dann aber wird es hart: Es beginnt mein Wehrdienst bei den Grenztruppen der DDR. Schon nach zwei Tagen haben es die Ausbilder auf mich abgesehen – wegen meiner angeblich frechen Antworten auf ihre, wie ich finde, dämlichen Fragen: „Genosse Siebach, glauben Sie vielleicht, Sie sind hier zum Faulenzen?" – „Ach Genosse Offizier, eigentlich nicht. Aber jetzt, wo Sie es sagen…" Diese Harmlosigkeiten sind der Anfang einer Zeit voller Demütigungen, persönlicher Anfeindungen bis hin zu körperlicher Gewalt gegen mich. Und schließlich: Einsatz als Grenzsoldat in der Nähe von Sonneberg, in Thüringen. Zu den Schikanen der Vorgesetzten kamen nun noch die Einsätze an der Grenze, die Angst um das eigene Leben inklusive. Mein einziger Trost und Hoffnungsspruch in dieser Zeit: „Wenn ich das hier überlebe – kann mich in meinem Leben nichts mehr umbringen." Nach 18 Monaten ist diese Leidenszeit endlich vorbei. Und fast direkt im Anschluss daran, nimmt mein Leben zwei entscheidende Wendungen: Ich lerne Simone kennen; zwölf Jahre werden wir gemeinsam durchs Leben gehen. Und: 1989 – die Mauer fällt.

Eine Woche später nehme ich einen Maurer-Job in Westberlin an. Der Gegensatz zwischen meinem Leben als Grenzsoldat und jetzt kann größer nicht sein. Ein Job im Westen, Freiheit, Lebenspläne. Ich maloche zwar hart, aber Simone und ich genießen das neue Leben, die neue Freiheit. Wir erkunden erst Westberlin, dann Westdeutschland; zunächst mit der Eisenbahn, dann mit einem VW Golf – und wir können der uns in der DDR jahrzehntelang eingetrichterten „Dekadenz des Kapitalismus" nur Gutes abgewinnen.

Es ist die Zeit des neuen wilden Ostens; ein Umbruch im Rekordtempo. Was über Jahrzehnte entstanden ist, wird innerhalb weniger Tage dichtgemacht, abgerissen und ist nur noch Geschichte. Und während die DDR im Eiltempo verschwindet, entsteht ebenso schnell mein neues Leben. Die Baubranche boomt, ich kann mir als ausgebildeter Maurer die Jobs aussuchen und dann auch noch einen dicken Stundenlohn aushandeln. Die Zahl der Baustellen in der Ex-DDR nimmt stündlich zu, es fehlen qualifizierte Leute an allen Ecken und Enden. Mit meiner Facharbeiter-Ausbildung bin ich schnell Polier, Vorarbeiter, Baustellen-Leiter. Viel Arbeit – aber eben auch ein neues Leben.

Nach West-Deutschland erkunden wir jetzt auch die restliche Welt: Spanien, Österreich, wir klappern alle griechischen Inseln ab, fahren zum Skilaufen in die Alpen, fliegen nach Kanada, erkunden die Rocky Mountains. Uns steht die Welt offen; euphorisch planen wir unser gemeinsames Leben.

1995 mache ich mich selbstständig, beginne nebenbei meine dreijährige Ausbildung zum Maurermeister. Simone und ich kaufen uns in meinem Heimatdorf Buchholz einen Bauernhof, alt, halb verfallen; den renovieren wir in den kommenden Jahren, machen ihn zu unserem Zuhause. Gleichzeit gründe ich meine eigene Baufirma. Meine Arbeitstage werden immer länger und auch die meisten Wochenenden sind alles andere als Ruhe und Erholung: Mit meiner vor fünf Jahren gegründeten Band touren wir durch die Region, geben lange Konzerte und haben kurze Nächte.

Inzwischen hat meine Baufirma zehn Mitarbeiter; ich kümmere mich um neue Kunden, um neue Aufträge, plane und berate, reise von einer unserer Baustellen zur nächsten. Der Job als Unternehmer gefällt mir: Aufträge ohne Ende, gutes und dann auch mal viel Geld.

Die Kehrseite: Der Job, der Stress, zu wenig Schlaf und meine wilden Musiker-Wochenenden ruinieren meine Gesundheit: Magengeschwüre, Herzflimmern, zu hoher Blutdruck, Knie kaputt. Und natürlich bin ich nicht bereit, die eigentliche Ursache, also den Stress anzugehen, sondern nur die Auswirkungen; ich nehme Pillen, noch mehr Pillen, lasse mich operieren. Das kann nicht lange gut gehen.

Der Absturz kommt mit 30: Zu viele Aufträge, zu viel Arbeit, falsche Entscheidungen, ein knallharter Konkurrenzkampf – von einem auf den anderen Tag muss ich Insolvenz anmelden. Und: Auch unsere Ehe ist nur noch der sprichwörtliche Scherbenhaufen. Simone und ich streiten viel, wir sind beide überarbeitet, verbringen kaum noch gemeinsame Zeit miteinander. Wir wissen, dass wir hier und jetzt an einem Wendepunkt unseres Lebens stehen; wollen noch einen Rettungsversuch wagen: Zusammen mit unseren inzwischen zwei Kindern, Clara und Hannes, fünf und drei Jahre alt, wandern wir nach Schweden aus. Wir landen in Dalsland in einer kleinen Stadt an der Ostküste.

Ich bleibe auch in Schweden bei meinem Job, kaufe baufällige Ferienhäuser, renoviere sie und verkaufe sie mit ordentlich Gewinn. Das Geschäft läuft, aber mein Glück suche und sehe ich woanders, sehe die Chance, einen alten Traum zu verwirklichen: einen Holzkutter kaufen. Ich finde einen, Baujahr 1965, also rund 30 Jahre alt. Und: Besitzer und Verkäufer ist ein deutsches Ehepaar, das in den 60er Jahren nach Schweden ausgewandert ist. Sie sind jetzt beide um die 80 Jahre alt und wohnen mitten in der Wildnis. Ganz für sich, unabhängig, mit einem großen Garten für das eigene Gemüse, mit selbstgefangenen Fischen und erlegtem Wild. Die beiden und ihr Leben werden meine Vorbilder. Ich renoviere „ihren" Kutter, biete damit Angeltouren für Touristen an. So habe ich Geld durch die Häuserrenovierungen und Spaß auf dem Kutter. Aber Simone und ich merken, dass wir auch hier in der Natur, unsere persönlichen und gemeinsamen Probleme mitgenommen haben. Nach nur einem Jahr Schweden geht Simone zurück nach Deutschland und nimmt auch unsere beiden Kinder mit. Kurze Zeit später stirbt Simone.

Ich bin ratlos. Was soll ich tun? Vater zu sein nimmt mir die Entscheidung ab, natürlich gehe auch ich zurück nach Deutschland, zu meinen Kindern, zurück nach Buchholz. Ich baue uns ein neues Haus, bin Hausmann und Vater. Meine Eltern helfen mir, diese schwere Zeit zu überstehen.

Das mache ich zehn Jahre, dann ist Clara 20 und Hannes 18. Ich bin und bleibe ihr Vater – aber nun wird es Zeit, dass ich wieder und weiter nach meinem eigenen Leben suche. Ich gehe wieder auf Reisen, suche in der Natur „meinen" Platz; einen Ort, ein Fleckchen Erde, bei dem ich sofort merken will: Hier gehöre ich hin, hier will ich bleiben. Und diese Suche bestimmt mein weiteres Leben.

Kapitel 4: Wir werden Gastgeber

Ein Gäste-Tag im Juli. Schwierige Gäste. Ideale Gäste. Russische Gäste. So begann die Gästefarm. Tipps für den Sibirien-Urlaub.

Ein Gäste-Tag im Juli

Ich brauche keinen Wecker. Ich wache auf, wenn die Sonne aufgeht. Jetzt, im Sommer, kommt sie gegen fünf Uhr hinter dem Birkenwald hervor. Im Winter geht sie dann weiter nördlich auf, über dem Fluss – und bis zu vier Stunden später.

Seit einer Woche haben wir Gäste, zwei Familien; vier Erwachsene, drei Kinder. Da ist fünf Uhr eine gute Zeit für mich zum Aufstehen. Bevor ich die Aufgabenliste für den Tag in Angriff nehme, mache ich einen Rundgang über die Farm, schaue, ob alles in Ordnung ist und über Nacht nichts passiert ist. Und genieße die Stille, die Natur, die Sonne, wie sie langsam über den Birken aufsteigt. Dann ein schneller Kaffee, eine Scheibe Marmeladenbrot auf die Hand – und dann beginnt mein Arbeitstag.

Als erstes fülle ich überall Wasser auf, die Tanks an den Gästehütten, bei uns im Wohnhaus und in unserem Tipi, in der unsere Gemeinschaftsküche steht. Dort mache ich dann auch Feuer im Herd. Vita bereitet derweil in unserem Wohnhaus das Frühstück vor, ich bringe dann alles ins Tipi, baue das Buffet auf. Gegen neun Uhr kommen unsere Gäste aus ihren Hütten, wir plauschen, erkundigen uns, ob alles okay war und ist, dann bedienen sie sich am Frühstücks-Buffet. Unsere Standard-Auswahl: Kascha, der russische Haferbrei, mit Nüssen und Obst.

Rühreier mit Speck und Schinken, verschiedene Brotsorten, Käse, Aufschnitt. Fast alles ist selbstgemacht, wenn auch nicht immer von uns. Das Brot backen wir selbst, und auch die Marmelade haben wir im letzten Herbst selbst gekocht: Erdbeeren, Blaubeeren und ein ebenso leckeres Pflaumenmus. Die Früchte und Beeren dazu haben wir in unserem Garten am Dorfhaus – auf 1200 Quadratmetern. Kräuter bauen wir ebenfalls an oder pflücken sie bei unseren Wald- und Tundra-Wanderungen.

Unseren Käse beziehen wir von Tanja aus dem Nachbardorf. Sie und ihr Ziegenkäse sind berühmt, einige ihrer Ziegen hat sie sogar aus den USA nach Sibirien einfliegen lassen. Der Aufschnitt, wie auch das übrige Fleisch, das wir sowohl unseren Gästen servieren als auch selbst essen, stammt von einem Bauernhof, der in Deutschland alle Bio- und Öko-Standards erfüllen würde, egal ob Schwein, Rind, Huhn, Gans oder Ente. In Sibirien wird Land- und Viehwirtschaft so betrieben, wie schon seit Jahrhunderten – mit wenigen Tieren, mit viel Zeit und Liebe, ohne Chemie. Und wenn wir Glück haben, bringt uns die die sibirische Tradition auch mal das Fleisch direkt aus der Taiga: Den Marall zum Beispiel, eine sibirische Hirschart – geschossen, zerteilt und angeliefert von Freunden, die eine Jagdlizenz haben.

Zwei Familien als Gäste gleichzeitig sind schon unser Maximum; wir wollen ja gerade den persönlichen Austausch mit unseren Gästen, wir teilen unser Leben mit ihnen. Und nicht zuletzt steht Sibirien ja dafür, wenigen Menschen ganz viel Raum, Platz und Entfaltung zu bieten. Deswegen ist unser Gäste-Programm auch nicht viel anders als das, was wir selbst gern machen: wandern, paddeln, angeln und, für die Gäste und nur, wenn sie wollen: im Garten arbeiten, im Tipi kochen, backen, neue Rezepte ausprobieren. Und was immer die Gäste-Wünsche sind, die wir erfüllen können – und das natürlich auch gern machen. Aber allein das Wort „Gäste" trifft nicht das, was wir machen, mögen und anbieten: Wir wollen keine Dienstleistungs-Beziehung, kein „Ihr zahlt, und wir arbeiten"; kein Gefälle zwischen uns, den „Gastgebern" und den „Gästen" – wir sind mehr eine Wohngemeinschaft, in der jeder sich einbringen kann und auch sollte, wir „erfahren" uns alle miteinander. Aber ohne dabei in eine Befindlichkeitsgruppe zu verfallen, und ohne, dass unsere Gespräche in therapeutische Sitzungen ausarten.

Für heute und morgen machen wir ein geteiltes Programm, das wir gestern alle gemeinsam besprochen haben – und dass sicherlich das übliche Klischee bedient: Ich gehe mit den beiden Männern und dem 13-jährigen Sohn auf Wildnis-Tour; Vita macht mit den beiden Frauen und den beiden achtjährigen Töchtern einen Kräuter- und Back-Workshop.

Für die Wildnis-Tour wollen wir mit dem Buchanka bis zum letzten Dorf an der Schotterstraße fahren, am Ufer des Kasir-Flusses. Dort lassen wir den Wagen stehen und fahren mit dem Schlauchboot den Kasir hinauf in die Wildnis. Am Nachmittag packen wir unsere Ausrüstung zusammen: Zelte, Schlafsäcke, Kocher, Töpfe, Lebensmittel, Angeln, Fotoausrüstungen und laden alles in den Buchanka. So können wir morgen schon früh losfahren.

Der Kräuter- und Back-Workshop braucht keine Vorbereitung, Vita hat alles, was sie dafür braucht. Erfahrungsgemäß bleibt es nicht bei dem reinen Garten- und Backwissen, die Teilnehmer, vor allem Teilnehmerinnen, sind auch schnell bei den Themen, die damit verbunden sind: gesunde Ernährung, gesundes Leben. Beides hat in Russland und speziell in Sibirien eine lange Tradition, und in den letzten Jahren schließt sich dort ein Kreis: Das russische Leben in der Natur und der Wunsch vieler „Westler", zurück zu den Wurzeln zu finden. So ist in Sibirien in den letzten Jahren eine starke und wachsende „Zurück zu Natur"-Bewegung entstanden – mit einzelnen Strömungen auch in Esoterik, Schamanismus und Buddhismus; die beiden letztgenannten haben vor allem rund um den Baikalsee eine Jahrhunderte alte Tradition, die durch Besuche vieler zivilisationsmüder Touristen wieder aufflammt. Auch Vita hat für solche Gedanken und Weisheiten ein Faible; sie freut sich auf die beiden kommenden Tage ebenso wie die Teilnehmerinnen. Und ebenso, wie wir vier Männer uns auf unsere Tour freuen. Sibirien ist keineswegs „nur" ein Männer-Land.

Schwierige Gäste

Ein Ehepaar hat bei uns gebucht. In den Mails vorher hatten sie uns geschrieben, dass sie schon immer mal nach Sibirien wollten, aber bisher keine Gelegenheit dazu gefunden hätten. Unsere Webseite würde ihnen gut gefallen und auch die anderen Infos über uns im Internet, und sie wollten gern für zwei Wochen kommen. Das hören und lesen wir natürlich gern, zudem machte die Frau, nur mit ihr standen wir in Kontakt, einen sympathischen Eindruck. Der Mann ließ, per Mail über seine Frau wissen, er wolle in der Taiga auf Trapper-Tour gehen und auch jagen. Das ist ein Standard-Wunsch von vielen, vor allem männlichen Gästen – den ich auch immer gern erfülle. Also hatte ich eine solche Tour auch bei meinem Trapper organisiert: drei Tage in der Taiga, nur wir drei Männer; Vita würde für diese Zeit für die Frau ein anderes Programm vorbereiten.

Am Anreisetag holte ich die beiden vom Flughafen Abakan ab. Wir gingen aufeinander zu, waren noch auf zehn Meter Abstand, da schoss es mir durch den Kopf: „Da passt was nicht mit uns, da geht was schief." Ich kann nicht sagen, wie und woran ich das gemerkt habe, es kam einfach aus dem Bauch heraus. Klar, sie hatten eine lange Anreise hinter sich, waren das erste Mal in Russland und fühlten sich vielleicht auch ein bisschen verloren. Aber ich habe schon Hunderte von Gästen abgeholt, die ja in der gleichen Situation gewesen sind – daran lag es also nicht.

Die 200 Kilometer im Auto vom Flughafen zur Farm verliefen ganz gut, zu Beginn redeten wir eine Weile, dann ließen sie schweigend die sibirische Landschaft vor dem Autofenster vorbeiziehen, nickten dann ein. Nach drei Stunden waren wir auf der Farm. Vita begrüßte beide sehr herzlich, wie üblich gab es dazu Kaffee, Saft und selbst gebackene Kekse. Das Gespräch zwischen uns Vieren lief gut, wir erklärten den beiden das Wichtigste zur Unterkunft, gingen mit ihnen zur Hütte, fragten sie, ob sie noch etwas wissen wollten oder etwas brauchten und wünschten, was sie verneinten. Wir hatten den Eindruck, dass sie uns schnell los und ihre Ruhe haben wollten; also wünschten wir ihnen eine gute Nacht.

Am nächsten Morgen stand ihnen die schlechte Laune ins Gesicht geschrieben. Sie hätten kaum geschlafen, die Betten seien sehr hart und das Duschwasser nicht besonders heiß. Vita und ich schauten uns heimlich an und beide dachten wir: Das kann ja heiter werden. Wir versuchten, sie ein bisschen aufzumuntern und boten ihnen, wie üblich, das Sibirien-Einstiegsprogramm an: Spaziergang über das Grundstück, dann ein ungefähr einstündiger Rundgang durch die umliegende Taiga. Aber selbst das stieß auf Ablehnung; der Mann hatte zwar zunächst „ja" gesagt, als dann aber seine Frau auf ihre starken Kopfschmerzen verwies, entschied auch er sich dagegen. Sie wollten einfach nur in ihre Hütte.

Vita und ich waren uns keiner „Schuld" bewusst und hatten trotzdem das Gefühl, irgendwie für das „Unglück" unserer Gäste verantwortlich zu sein. Unsere gute Stimmung als Gastgeber war jedenfalls dahin.

Am nächsten Morgen, sieben Uhr: Aufbruch zur Taiga-Trapper-Tour. Ich hatte am Abend schon das Auto gepackt, der Gast musste nur noch seine persönlichen Dinge einpacken – und dann ging´s los. Zwei Stunden bis zum Oberlauf des Flusses Kasir, dann ins dort bereitliegende Schlauchboot, mit dem wir eine Stunde stromaufwärts fuhren. In einem kleinen Camp stieß der Trapper zu uns. Er übernahm die Führung, und zu Fuß ging es jetzt in die Taiga – die richtige, echte, wirkliche Taiga: ein kleiner Trampelpfad und kilometerweit nichts, keine Hütte, kein Weg, kein Mensch. Alles was du brauchst, musst du jetzt in deinem Rucksack haben. Und in den Beinen. Für den richtigen Inhalt in unseren beiden Rucksäcken hatte ich gesorgt; der Trapper sorgte für sich selbst. Aber für Energie, Kraft und auch Willen – muss schon der Gast sorgen.

Um es kurz zu machen: Aus den drei Tagen, wurden knapp zwei. Der Gast war nach zwei Stunden Trampelpfad fertig, ließ sich auf den Boden fallen, wollte nicht mehr weiter. Also bauten wir schon hier das Camp auf; es war gerade mal Mittagszeit. Der Trapper sorgte fürs Feuer, ich kümmerte mich ums Essen. Unser Gast verschwand anschließend sofort im Zelt. Kein Wort mehr von der Taiga-Tour oder Pirsch mehr, nicht mit dem Fotoapparat und schon gar nicht mit dem Gewehr. Der Trapper und ich verbrachten die nächsten Stunden am Lagerfeuer, wir tauschten bei Kaffee und Keksen den neusten Tratsch und die besten Wildnis-Tipps aus.

Am frühen Abend tauchte unser Gast kurz auf, machte zerknirscht ein bisschen Konversation und verschwand dann wieder im Zelt – nicht ohne mehrmals zu fragen, ob auch wirklich keine Bären, keine Bären, keine Luchse, Wölfe, Ratten, Mäuse oder andere „wilde" Tiere uns im Camp überfallen würden...

Am nächsten Morgen sah er sehr übernächtigt aus, war kaum ansprechbar, wollte am liebsten schon vor dem Frühstück nur eines: so schnell wie möglich zurück. Am frühen Nachmittag waren wieder zuhause auf der Farm, der Mann riss, halb wütend, halb verzweifelt seinen Rucksack aus dem Auto und verschwand in der Gästehütte. Dort traf er, was für eine Überraschung, auf seine Frau – auch ihr hatte Vitas Kräuter- und Blütentour durch die umliegende Taiga, die für viele, vor allem weibliche Gäste, immer ein Highlight ist, überhaupt nicht gefallen. Und Kopfschmerzen hätte sie auch schon wieder.

Ich will den beiden überhaupt nichts vorwerfen, sie sind bestimmt beide nette Menschen. Aber sie hatten einfach Vorstellungen und Erwartungen, für die Sibirien der falsche Ort und für die Vita und ich die falschen Gastgeber sind. Und ich vermute, das haben sie irgendwie schon geahnt, als sie ihre Reise nach Sibirien angetreten haben und diesen geheimen Widerwillen gegen Sibirien auch schon bei unserem Kennenlernen ausgestrahlt.

Ideale Gäste

„Wir würden gern mal zwei Tage und Nächte mitten rein in die Wildnis." Diesen Wunsch hören wir oft von unseren Gästen. Jetzt, Anfang Juni, ist es mal wieder so weit. Ein Ehepaar, Ende 30 und ihr zehnjähriger Sohn; ich bereite alles vor. Der Sohn überraschte mich gestern mit seinem Berufswunsch – er möchte gern Naturfotograf werden. Das finde ich natürlich toll, auch wenn ich es ungewöhnlich finde, dass ein Zehnjähriger das schon genau und bestimmt weiß und sagt. Er fragt auch, ob er mir bei den Vorbereitungen für die Tour helfen kann. Klar kann er das.

Als erstes zeige ich ihm, was alles in den Überlebens-Rucksack kommt. Der ist immer dabei, egal ob wir nur für eine Stunde in die Taiga gehen oder, wie jetzt, für zwei Tage und zwei Nächte. Abteilung Essen: Brot, Speck Wurst, Käse. Eine große Flasche Wasser, dazu Kessel und Aluminium-Tassen. Abteilung Werkzeuge: Axt, Säge, Klappspaten, Seil, Draht. Abteilung Bärenschutz: Pfefferspray, eine Signalpistole mit Leuchtpatronen. Separat eine kleine Tasche, die ich immer am Körper trage mit Feuerzeug, wasserdicht verpackten Streichhölzer, Angelschnur und -Haken, Rettungsdecke. Aus der lässt sich, zusammen mit Draht und Seil, ein Not-Biwak bauen. Ebenfalls immer dabei ist ein sogenannter Feuerstahl: Ein Stück Stahl in der Form eines großen Schlüssels. Reibe ich mit dem Messer über diesen Metallstab, dann entstehen Funken. Und natürlich immer am Gürtel: mein Jagdmesser.

Auf dem großen Tisch im Tipi, unserem Gemeinschafts-Raum, breite ich die Straßenkarte aus und zeige dem Jungen, wo wir hinwollen und wie weit es ist. Wir werden mit dem Buchanka zu einem See fahren, ungefähr 60 Kilometer von der Farm entfernt und dort campen. Die nächsten zwei Stunden sind der Zehnjährige und ich damit beschäftigt, die gesamte Camping-Ausrüstung zu packen und im Buchanka zu verstauen. Dazu das Schlauchboot mitsamt Pumpe und Außenborder. Die Lebensmittel laden wir erst morgen ein.

Am nächsten Morgen bin ich um sechs auf den Beinen und packe die Lebensmittelkisten. Um sieben kommen unsere Gäste ins Tipi zum Frühstück. Vita frühstückt erst, wenn wir weg sind, ich habe schon gefrühstückt, aber wir setzen uns beide auf einen Kaffee dazu. Schließlich packen wir die Lebensmittel-Kisten in den Buchanka, die Gäste nehmen die Rucksäcke mit ihren persönlichen Dingen. Abfahrt.

Nach zwei Stunden sind wir am See. Und haben ihn, wie ich erwartet habe, nur für uns, und es ist unwahrscheinlich, dass sich daran in den nächsten beiden Tagen etwas ändert. Wir laden aus, bauen die Zelte auf, legen Schlafmatten und Schlafsäcke rein. Und entspannen. Es gibt kein Programm, keine Führung, keine Show. Wir haben Angeln dabei, mit denen sich die beiden Erwachsenen auch auskennen, ich kann also mit dem Sohn gleich ins Schlauchboot springen und auf den See rausfahren. Und auf Tiere hoffen, die entweder am Ufer oder in der Luft auftauchen.

Die beiden Tage und Nächte verlaufen ohne Besonderheiten. Die Eltern ziehen einige Fische aus dem See, die wir gemeinsam zubereiten und dann essen. Zu viert gehen wir ein paar Hundert Meter in die Wildnis, lassen uns von Mücken stechen und die drei Gäste wissen nicht so genau, ob sie auf einen Bären hoffen sollen, was natürlich ein erzählenswertes Sibirien- Abenteuer wäre – oder froh sind, dass keiner kommt. Ich auf alle Fälle bin froh, wenn und dass es zu keiner Bären-Begegnung kommt; die Wahrscheinlichkeit, dass er angreift ist zwar gering – wir sind zu viert und damit für einen Bären ein „groß" aussehender Gegner, aber bei einer Bärin mit ihrem Nachwuchs kann alles passieren.

Neben dem Wunsch nach Natur, möchten viele Gäste Tiere sehen – und sind enttäuscht, wenn ich ihnen sage, dass ich da leider keine Stellen kenne, an denen mit Sicherheit Tiere auftauchen. Tiere siehst du nur, wenn du dir und ihnen Zeit gibst. Um Tiere zu sehen, musst du selber zur Ruhe kommen. Es klingt esoterisch, aber ich glaube an energetische Spannungen. Wenn Menschen ungeduldig sind, fordernd und unruhig, werden keine Tiere auftauchen. Es funktioniert so, wie der Junge und ich es im Boot auf dem See gemacht haben: Wir sind innerlich zur Ruhe gekommen. Auch der Junge – bei aller Hoffnung auf tolle Fotos. Die Biber sind nach einer Stunde gekommen, der Seeadler zehn Minuten später.

Russische Gäste

Womit wir in der Anfangszeit gar nicht gerechnet haben: Es kommen inzwischen immer mehr Gäste aus Russland zu uns. Aus der Umgebung, aber auch aus Moskau und anderen Großstädten. Waren wir zu Anfang noch etwas unsicher, wie das wohl läuft, so sind wir inzwischen ganz beruhigt: es funktioniert prima. Der Unterschied für uns zwischen deutschen und russischen Gästen ist sehr groß: Deutsche kommen, wollen Vollpension, Unterhaltung und am besten eine Rund-um-die-Uhr Betreuung. Ist ja verständlich – sie sind in einem ihnen völlig fremden Land. Die Russen dagegen sind ziemlich eigenständig (okay, manchmal auch eigensinnig…): Sie bringen ihre gesamte Verpflegung mit, wohnen und leben für sich, bleiben auf der Farm. Ihre Hauptbeschäftigung ist Essen, Grillen, Kochen, Reden, Feiern. Und oft laden sie uns dazu auch ein.

Im letzten Jahr hatten wir zwei russische Familien hier, nur für eine Nacht. Aber sie brachten zwei Eimer voll Fleisch mit, Schaschlik; ich schätze, es waren 20 Kilogramm. Kaum waren sie da, ging auch schon der Grill an und sie haben die Nacht durchgegrillt. Und natürlich waren wir eingeladen – und natürlich wurde es eine lange Nacht...

So begann die Gästefarm

Eine Gästefarm zu betreiben – das kam gar nicht vor in meinen Sibirien-Träumen. Ich bin ja hierher ausgewandert, um endlich einen Platz zu haben, an dem ich meine Ruhe habe. Aber nach und nach ist die Gäste-Idee immer konkreter geworden; schon in unserem ersten Sibirien-Jahr hatten wir überlegt, dass wir das doch mal versuchen könnten: Ich baue zwei Gästehütten, die richten wir ein – und dann kommen Menschen, natürlich vor allem aus Deutschland, und machen bei uns Urlaub, erleben mit uns Sibirien.

Das klingt romantisch – aber ich bin da nicht naiv, wusste, worauf ich mich einlasse: In den 1990er Jahren, nach der Wende, hatten meine Eltern erkannt, dass Landwirtschaft für sie keine Zukunft mit. Und sie machten aus ihren rund 5000 Quadratmeter Grundstück einen Campingplatz mit 12 Stellplätzen. Dazu zwei Gästehäuser, und in der ehemaligen Scheune entstanden noch vier Gästezimmer. Das Geschäft lief gut – aber ich habe vom ersten Tag an miterlebt, wie viel Arbeit es ist, Gäste zufriedenzustellen. Trotzdem: Das mit den Gästen wollten wir ausprobieren; es dauerte aber noch ein Jahr, bis wir, Ende 2018, also im sibirischen Winter, zum ersten Mal zahlende Gäste hatten. Dieser erste Versuch war ein Volltreffer, die Gäste waren ebenso zufrieden wie wir. Ab dann haben wir ordentlich die Werbetrommel gerührt, und ab Mai

2019 lief das Geschäft richtig an. Wir bekamen reichlich Anfragen, denen oft auch Buchungen folgten. Das vorläufige Ende kam im März 2020 – Corona.

Inzwischen kommen wieder Gäste. Darüber freuen wir uns, allerdings gibt immer wieder Anfragen bei denen wir merken, dass nicht alle Interessenten wissen, worauf sie sich einlassen – bei einem Hüttenurlaub in Sibirien.

Tipps für den Sibirien-Urlaub

Wer in Sibirien Urlaub machen will, egal, ob bei uns oder woanders, sollte wissen, was ihn erwartet. Ich versuche mal, diese gedankliche Vorbereitung ein bisschen zu beschreiben; einfach, vielleicht ein bisschen übertrieben – dafür eindrücklich:

Wer es in seinem Urlaub vor allem bequem haben will, ein Büffet mit Riesen-Auswahl und jeden Abend eine Bühnenshow – ist auf einem Kreuzfahrtschiff bestens aufgehoben. Und das meine ich kein bisschen ironisch oder abwertend. Wenn es nicht so viele Menschen auf engem Raum wären, und ein solches Schiff einen umweltfreundlichen Antrieb, könnte mir in bestimmten Situationen, zum Beispiel nach einer Zwei-Wochen-Wildnis-Tour, ein solcher Komfort und Luxus durchaus gefallen.

Auch Sibirien auf eigene Faust zu erkunden, per Bus oder auch Mietwagen, ist nur was für Abenteurer – die russisch sprechen können. Und zwar mehr als: „Guten Tag", „Danke", Auf Wiedersehen", „Haben Sie ein Zimmer?" und „Kann ich noch einen Wodka haben?"

Wir bekommen auch immer wieder Anfragen, ob man bei uns lernen kann, wie man sich auf ein Leben als Selbstversorger vorbereiten kann. Ja, das kann man bei uns lernen, aber „sich selbst zu versorgen" heißt oft und vor allem zu Beginn – zehn Stunden Gartenarbeit: umgraben, Sämlinge setzen, Unkraut jäten. Und zwar egal, ob es 30 Grad im Schatten sind oder den ganzen Tag regnet. Und das Gleiche am nächsten Tag nochmal.

Und auf „Trapper-Tour" gehen? Ja, das geht. Aber wer das Jahr über am Schreibtisch sitzt, schafft im Urlaub eben keinen 20-Kilometer-Fußmarsch am Tag – mit einem vollgepackten Rucksack auf dem Rücken. Und auch hier gilt: Und das Gleiche am nächsten Tag noch mal.

Wer in Sibirien „was Tolles" machen will, nur um dann zuhause damit angeben zu können – der hat Sibirien, Natur und eben auch eine Trapper-Tour nicht verstanden. Um es konkret zu machen: Der Trapper, den ich für meine Gäste für die Trapper-Tour buche, arbeitet in einem Gebiet, das ungefähr 20 mal 20 Kilometer groß ist. Hier ist er täglich unterwegs – mit mindestens 30 Kilo Gepäck auf dem Rücken. Berg rauf, Berg runter, quer durch den Fluss und den Sumpf. Das macht er seit 30 Jahren, jeden Tag. Aber nicht, weil er sich damit fit halten will und zu geizig ist, um ins Fitness-Studio zu gehen. Sondern weil Trapper sein Beruf ist, und er mit seinen Fallen und Fellen Geld verdienen muss. Und je mehr Fallen er aufstellt, desto mehr Tiere fängt er, desto mehr Felle kann er verkaufen.

Mehr Arbeit – mehr Geld. Wie überall. Deswegen ist mein Trapper auch kein bisschen unglücklich, wenn er mit Gästen unterwegs ist – und er einen für seine Verhältnisse „faulen" Tag hat. Soll der Gast ruhig erst mal Vollgas geben – nach zwei Stunden wird er merken, dass er mit Ruhe, Besinnlichkeit und Respekt gegenüber der Natur viel mehr Urlaub, Erholung und Zufriedenheit erlebt.

Fitness und harte Arbeit – das gilt auch für einen anderen Gäste-Wunsch: Die Jagd. Denn die hat in Sibirien nichts mit, dem Hochsitz in Deutschland zu tun, auf dem, ich übertreibe jetzt absichtlich, der Jäger es sich gemütlich macht und nur darauf wartet, dass Fuchs, Wildschwein oder Hirsch ins Schussfeld laufen. In Sibirien ist nur die Anreise zum Camp per Auto oder Boot gemütlich. Von da läufst du ein paar Kilometer zur Jagdhütte. Natürlich mit allem auf dem Rücken, was du in den nächsten Tagen brauchst. Und am nächsten Tag geht es weiter, zwar nur noch mit Gewehr und Survival-Ausrüstung – aber dafür können es auch 20 oder 30 Kilometer werden. Du kannst oder willst nicht mehr? Tja, einen ADAC gibt es hier ebenso wenig, wie einen Rettungsdienst. Es gibt nur einen (Aus)Weg: du MUSST weiter.

Ich bin in und mit Sibirien deswegen so glücklich, weil ich mich auf diese Spielregel eingelassen habe. Und schon oft genug in Situationen war, in denen ich diese Regel befolgen musste. Den Knöchel verstaucht in einem Bären-Revier? Aufstehen, weitergehen, raus aus diesem Gebiet. Kein Benzin mehr im Schneemobil? Dann eben zehn Kilometer zu Fuß – durch meterhohen Schnee. Liegenbleiben, (dich) aufgeben? Dann bist du morgen tot.

Ich will niemandem Angst machen. Im Gegenteil: Am meisten begeistert von Sibirien, von den Tagen und Nächten bei uns, von den Touren, sind die Gäste, die vor ihrer Reise in sich hineingehorcht und herausgefunden haben, was sie von Sibirien, was sie von uns wollen, was sie erwarten – und die trotzdem offen sind für Vor- und

Ratschläge. Die sich einlassen auf das, was Sibirien ihnen bietet. Auf das Hier und Jetzt.

Was können wir unseren Gästen anbieten, was können sie bei uns sehen und erleben? Die Antwort ist einfach: Alles, was sich organisieren und vorbereiten lässt. Dass das mit Tieren nicht geht, hatten wir schon. Aber es bleiben schon eine Menge anderer Möglichkeiten: Wandern und Wildnis, Campen, Angeln, Schlauchboot-Touren, Foto-Pirsch, Auto-Touren. Auch hier gilt: Wer Urlaub in einem so besonderen Land wie Sibirien machen will, der sollte sich vorher schon überlegen, was ihn dort besonders interessiert.

Aber natürlich haben wir auch einige Standard und Spontan-Angebote. Zum Beispiel ein Ausflug zu den Kasir-Stromschnellen, eine inzwischen schon vielbesuchte Touristenattraktion. Stromschnellen sind es nur bei Niedrigwasser, dann kann man Touren mit Schlauchbooten buchen und durch das brodelnde Wasser sausen. Zur Schneeschmelze oder nach längeren Regenfällen steigt der Wasserspiegel und die Stromschnellen verschwinden. Leider ist es nicht immer zu sehen, ob Rafting noch oder nicht mehr möglich ist, und so kommt es immer wieder zu Unfällen auf diesen Touren, manchmal auch mit tödlichem Ausgang.

Das liegt aber vor allem daran, dass solche Touren unter russischen Männern als Mutprobe gelten: Egal bei welchem Wasserstand versuchen sie mit ihren privaten Schlauchbooten durchzukommen, vorbei an riesigen Felsen und bei einer Wassertemperatur von nur einigen Grad. Sie versuchen sich mit einer typisch russischen Weisheit zu schützen: Mit einer Flasche Wodka im Blut, kann dir nichts passieren. Leider zeigen die vielen Todesfälle, dass das nicht stimmt.

Aktivitäten hängen immer von den Gästen selber ab; wie fit sie sind, wie sehr sie sich auf Regen, Wind oder andere unkomfortable Dinge einstellen können. Wenn der Weg es zulässt, gehen viele einfach mal die sieben Kilometer nach Cheremshanka; von dort hole ich sie später mit dem Auto ab.

Ebenso wie sich Tiere nicht für ein tolles Foto buchen lassen, ist auch das Wetter unberechenbar, vor allem in Sibirien. Auch wenn die Sommer in der Regel trocken und heiß sind: Regnen kann es immer mal. Dann heißt es entweder in der Hütte bleiben, vielleicht sogar am warmen Ofen. Oder, mit der richtigen Kleidung: Trotzdem rausgehen; wandern, in einem kleinen oder größeren Umkreis von der Farm. Oder mit dem Auto wohin fahren. Im Frühjahr, in der weglosen Zeit geht das nur eingeschränkt, weil die Wege noch unbefahrbar sind. Und die Gäste mit dem Trecker herumzufahren ist keine gute Idee. Boot fahren geht auch nicht, die Flüsse haben entweder Hochwasser, das kann gefährlich werden. Oder es treiben noch Eisbrocken im Wasser – auch nicht besonders angenehmen. Von dem vier Grad kalten Wasser ganz zu schweigen.

Kapitel 5: Unser Leben in Sibirien

*Wir verkaufen unser Haus in Deutschland. Vita, Paulina und ich. „Umzug"
ins Dorfhaus. Drei Wintertage im Dorfhaus. Besuch bei Altgläubigen. Unser
Gemüse. Meine Autos. Endlich: (M)ein Trecker. Fahrt ins Hochwasser. Ein
Mai-Tag im Dorfhaus. Garten und Pflanzen. Hahn und Hühner. Öko-Trend
in Sibirien. Mit dem Zug nach Ulan-Ude. Feuer in Sibirien.*

Ein neues Leben in EIN Buchkapitel zu packen – geht nicht. Es sind deswegen Moment-Aufnahmen, die ich hier beschreibe; mal besondere Dinge, aber auch mal ganz normaler Alltag. Also alles das, was Leben ausmacht. Auch in Sibirien.

Wir verkaufen unser Haus in Deutschland

Seit 2013 ist Sibirien immer mehr zu unserer zweiten Heimat geworden. Angefangen hat es mit der ersten Schnupper-Reise 2013 nach Nowosibirsk, dann kam 2014 der Grundstückskauf mit den ersten Hütten-Monaten zu zweit; ab 2016 dann auch mit Paulina und in dem Jahr sogar unser Sibirien-Winter zu dritt. Schließlich das Dorfhaus 2017; die ersten Gäste 2018. In diesen fünf Jahren sind wir gependelt zwischen Beelitz und Sibirien. Jetzt, im Sommer 2019, machen wir den Schritt, durch den die bislang zweite Heimat Sibirien zur ersten wird: Wir geben unser Haus in Deutschland auf.

Vita und ich haben dieses Haus gemeinsam gebaut, eingerichtet und mehr als zehn Jahre darin gelebt. Jetzt geben wir es auf. Für mich ist dieser Schritt zwar nicht einfach, aber ich wollte ja immer schon mehr in die Natur, mehr in die Wildnis – die ich jetzt in Sibirien gefunden habe. Auch wenn Vita das für sich auch so sieht: Ihr fällt der Abschied vom bisherigen Haus schwerer. Aber beide wissen und fühlen wir, dass unsere neue und wirkliche Heimat rund 6.000 Kilometer weiter östlich liegt. Und wir wissen, dass unser neues Leben und unsere jetzige Wohnform -Vita und Paulina im Dorfhaus, ich auf der Farm- funktioniert. Das gibt uns Vertrauen in unsere Zukunft, das lässt den Abschied von Brandenburg leichter werden.

Vita, Paulina und ich

Vita und ich haben uns 2004 kennengelernt. Und sofort eine Gemeinsamkeit entdeckt: unsere Liebe zur Natur. Zu der schnell die Liebe füreinander hinzugekommen ist. Als wir beide 2014 hergekommen sind, haben wir beide diesen Ort für unser gemeinsames Leben entdeckt und eingenommen. 2016 haben wir Paulina bekommen und haben zu dritt unseren ersten Winter auf der Farm erlebt. Temperaturen bis minus 45 Grad. In einem alten Lehmhaus – ohne Strom und fließend Wasser, kaum Platz. Wir haben es nicht nur geschafft, sondern dieser Winter hat uns gezeigt, dass wir zusammen sein können und das auch wollen. Daran hat sich bis heute nichts geändert, auch wenn wir unser Zusammenleben inzwischen unseren manchmal unterschiedlichen Wünschen angepasst haben.

Ich brauche Natur, liebe die Ruhe, die Einsamkeit, bin glücklich, dass ich das mit Vita und unserer Tochter Paulina leben und teilen kann. Vita liebt unser Leben auf der Farm ebenso wie ich, braucht aber ab und zu den Austausch mit anderen Menschen, braucht gemeinsame Aktivitäten, braucht die Gemeinschaft und sie hat schon früh deutlich gemacht, dass sie darauf nicht verzichten will. So sind wir von Anfang an darangegangen, unsere unterschiedlichen Wünsche in unserer gemeinsamen Lebensplanung zu berücksichtigen und haben dann schnell dafür eine ziemlich einfache Lösung gefunden: Unser Dorfhaus – das ich ja inzwischen mehrmals renoviert und zu einem großen und komfortablen Haus ausgebaut habe.

So hat sich unser gemeinsames und trotzdem gelegentlich getrenntes Leben eingependelt. Ich bin rund ums Jahr auf der Farm und fühle mich hier auch zuhause. Vita und Paulina sind von Mai bis Oktober oft und gern auf der Farm; wir kümmern uns dann auch um unsere Gäste. Den Winter hingegen verbringen Vita und Paulina fast komplett im Dorf. Vita ist dann viel unterwegs dort, trifft sich mit Freundinnen, macht dies und das, gibt einen Nähkurs. Paulina ist bis zum späten Nachmittag in der Kita, zwischendurch geht sie zum Ballett- und Gesangsunterricht. Also auch für sie volles Programm. Ich besuche die beiden dann ab und zu für ein paar Tage, aber mein Zuhause ist die Farm – im Sommer und im Winter. Glücklich sind wir alle drei mit dieser Lösung, egal, wo und wie wir gerade wohnen.

Ich habe eine Aufenthalts-Genehmigung für fünf Jahre. Ich kann alles das machen, was auch Russen machen können, manche Dinge sind allerdings etwas komplizierter als bei russischen Bürgern, zum Beispiel ein Auto anmelden oder ein Grundstück oder ein Haus kaufen. Mein Russisch reicht für normale Alltags-Gespräche. Meine aktuelle Aufenthaltsgenehmigung läuft nächstes Jahr ab, es wird aber kein Problem sein sie zu verlängern.

Vita ist Ukrainerin, sie spricht zudem Russisch und Deutsch und sie hat auch einen russischen Pass. Paulina hat, als Tochter einer Mutter mit russischem Pass, automatisch die russische Staatsbürgerschaft. Sie ist jetzt sechs Jahre alt, spricht fließend Deutsch und Russisch.

„Umzug" ins Dorfhaus

Nur drei Wochen ist es her, dass wir bei 33 Grad Sommer-Hitze den letzten Augusttag am und im Wasser des Tjuchtjata verbracht haben, unserem Fluss an der Grundstücksgrenze. Heute zeigt das Thermometer gerade noch 10 Grad. Dazu ein grauer Himmel, und gerade macht der kalte Regen mal eine Pause. Wir packen. Wieder einmal ist es Zeit für den Herbst-Umzug: Nachdem Vita und Paulina die meiste Zeit des Sommers auf der Farm verbracht haben, ziehen sie nun wieder ins Dorfhaus. Sie sortieren aus, was von der Farm mit muss ins Dorf, packen erst ein, dann noch einmal um, zögern, denken nach – und entscheiden sich dann doch irgendwann für die richtigen Dinge. In den Tagen vor dem Umzug hat Vita das Dorfhaus vorbereitet, Platz geschaffen für die demnächst eintreffenden Kisten und Taschen, sodass der eigentliche Umzug keine wirkliche Arbeit mehr ist, sondern eher eine Heimkehr – inklusive der Vorfreude auf die nun beginnende Wintersaison im Dorf. Und im Mai geht es dann wieder zurück auf die Farm.

Drei Wintertage im Dorfhaus

Februar 2021, ein Donnerstag

Seit drei Tagen bin auch ich im Dorfhaus. Eigentlich wollte ich morgen wieder zurück zur Farm, jetzt aber schneit es, und das soll laut Wettervorhersage auch in den kommenden drei Tagen so bleiben. Bei so viel Schnee müssen wir immer damit rechnen, dass der Strom ausfällt. Ich bleibe also erst einmal hier, zudem läuft auch die Heizung nicht richtig, da muss ich mich drum kümmern. Und neben diesen beiden wichtigen Dingen gibt es noch Dutzende Kleinigkeiten zu reparieren, fertigzustellen, auszubessern. Restarbeiten, die noch anstehen – nachdem ich in den vergangenen Monaten unser Haus, vor allem das Badezimmer, renoviert und damit auf deutschen Wohnstandard gebracht habe; seit Jahren hatte Vita, verständlicherweise und völlig zu Recht, gedrängelt. Jetzt haben wir ein richtiges Badezimmer: groß, schön weiß gefliest, Fußbodenheizung, Dusche – und natürlich und endlich: ein Klo mit Wasserspülung; eine richtige Toilette. Ich genieße diesen Luxus, vor allem, weil ich ja in der Hütte nur ein Plumpsklo habe. Wieder zeigt sich: Wenn Dinge selbstverständlich sind, wertschätzen wir sie nicht. Wir fangen an, uns über Banalitäten zu ärgern. Ich habe das Privileg, immer wieder ganz unterschiedlich zu leben: In der Hütte, dann auch mal im Camp in der Taiga und auch mal ein paar Tage im Dorfhaus – und kann so in allen drei Wohnformen vor allem das Schöne, Positive sehen und genießen.

Freitag

Am nächsten Morgen zeigt das Thermometer als Tiefsttemperatur der letzten Nacht minus 35 Grad an. Aber, es jetzt ist es sonnig, und ich denke, dass die Temperatur bis zum späten Mittag auf vielleicht minus 5 Grad ansteigen wird. Ich beginne den Arbeitstag im Hühnerstall, schlachte zwei unserer acht Hühner. Eines, das schon lange krank ist und eines, das kaum noch Eier legt. Das kranke und nun geschlachtete

Huhn bekommt der Hund vom Nachbarn, das andere Huhn wandert in den Topf. Ich bleibe noch im Hühnerstall; seit einigen Wochen überlege ich, ob ich die jetzige elektrische Heizung nicht durch eine Wärmepumpe ersetzen kann. Die jetzigen Stromkosten sind zwar niedrig, weil der Stall nur ein paar Grad über Null haben muss und Strom in Sibirien sehr billig ist, aber mich reizt die neue Technik. Noch weiß ich nicht genug darüber, spinne die Idee aber schon weiter: Wenn eine Wärmepumpe – dann vielleicht gleich eine, die auch das ganze Haus heizen kann. Im Frühjahr sehen wir weiter. Dann steht, nach der Renovierung des Badezimmers, ohnehin ein Ausbau des Hauses an.

Samstag

Paulina ist im Kindergarten, und Vita hat sich mit Freundinnen Im Café verabredet, anschließend trifft sie sich mit ihrer Näh-Gruppe. Ich habe also den Tag und das Haus für mich. Dass Paulina an einem Samstag im Kindergarten ist, liegt an einer Verwaltungs-Regel: Der kommende Montag ist ein Feiertag, der Kindergarten hat also geschlossen – und als Entschädigung dafür hat er heute, am Samstag, geöffnet.

Ich habe gut gekocht zu Mittag, nur für mich, dann ein kleines Nickerchen gemacht und sitze jetzt am Computer. Ich lese meine Mails, schaue in die Nachrichten: plus 20 Grad in Deutschland. Und das Ende Februar! Aber auch hier bei uns spielt das Wetter verrückt: Der Schneesturm letzte Woche ging tatsächlich über die vorhergesagten drei Tage, der Schnee lag danach ungefähr einen Meter hoch; einige Schneeverwehungen noch höher und einige geparkte Autos waren nur noch riesige Schneehaufen. Viele Häuser und Dörfer waren über Tage nicht erreichbar. Gestern dann plötzlich plus sechs Grad, heute immerhin noch um die null Grad. Darüber freue ich mich, weiß aber, dass ein so warmer

Tage Ende Februar hier in Sibirien keineswegs bedeutet, dass der Winter zu Ende geht; schon in ein paar Tagen kann es durchaus wieder ordentlich schneien und strengen Frost geben.

Um vier Uhr wird es Zeit für einen Tee. Das nehme ich zum Anlass, den Computer auszuschalten; endlich: Leider hat es sich über die Jahre ergeben, dass ich oft und zu lange davorsitze; E-Mails, Google-Suchen, Recherchen zu Baumaterial. Und natürlich die vielen Anfragen aus Deutschland von Menschen, die Tipps haben wollen, wie auch sie auswandern können. Über solche Anfragen freue ich mich und versuche auch immer sie zu beantworten, aber mit der Zeit sind es immer mehr Mails geworden, und manchmal ist mir das alles zu viel Computer – passt ja auch nicht gerade zu einem Aussteiger-Leben.

Eine Stunde später kommen Vita und Paulina aus dem Dorf zurück; Paulina erzählt mir begeistert, dass alle im Kindergarten ganz tolle Schmetterlinge gebastelt und dann im ganzen Raum aufgehängt haben – wo es doch jetzt bald Frühling wird. Ich koche Vita einen Kaffee, sie erzählt mir von ihrem Tag mit Freundinnen und von ihrer Näh-Gruppe. Später essen wir noch eine Kleinigkeit: Um acht Uhr geht Paulina schlafen, wir sagen ihr gute Nacht – und eine Stunde später liegen auch wir im Bett. Jedenfalls im Winter, wir haben dann alle drei ein großes Schlafbedürfnis. Verpassen tun wir nichts, denn weder im Dorf noch in den nahen kleinen Städten gibt es eine Art Kneipenkultur. Wenn wir abends ausgehen, dann zum Essen; soziale Kontakte haben wir, wie viele Sibirier, vor allem privat, wir gehen zu Freunden oder laden sie zu uns ein. Ein besonders schönes und auch „leckeres" Treffen hatten wir vor einigen Wochen.

Besuch bei Altgläubigen

Wir waren für den Vormittag eingeladen bei Tasia und ihrem Mann. Sie entstammen beide sehr großen und tief religiösen Familien, die seit Jahrhunderten in Sibirien sind und in ihrer eigenen Gemeinschaft leben, völlig autark. Sie nennen sich Altgläubige, leben ganz nach den Regeln der Bibel, arbeiten hart, können alles und machen alles selbst, halten ein paar Milchkühe und Rinder. Es ist eine Ehre, von ihnen eingeladen zu werden, denn normalerweise hast du als Außenstehender keinen Zugang in diese Gemeinschaft. Aber Tasia arbeitet nebenbei im Dorf als Post-Frau und sie hat uns vor einigen Jahren unser Dorfhaus vermittelt. Seitdem haben und halten wir Kontakt miteinander, freuen uns auf das Treffen. Sie sind, was ihre autarke Lebensweise angeht, ein Vorbild; sie haben das erreicht, was ich will: Unabhängig von anderen zu sein, mit dem leben zu können, was die Natur uns gibt.

Das mag sich für Supermarkt-Kunden karg anhören, aber als wir nach der Begrüßung ins Wohnzimmer kommen, biegt sich der festlich gedeckte Tisch unter den Köstlichkeiten: Rindfleisch in allen Variationen; als Suppe, gebraten, gekocht, geräuchert. Brot; vom tief dunklen Roggen- bis zum hellen Weizenbrot. Butter. Honig; Rapshonig, Wacholder-Honig, verschiedene Marmeladen, dazu Kekse und Kuchen. Und, natürlich: alles selbstgemacht. Das einzige, was aus dem Supermarkt kommt, ist der Kaffee. Auch in den Flaschen, die auf dem Tisch stehen, ist Selbstgemachtes: Wodka, Obstler und Honigwein. Ich kann nicht sagen, welcher mir am besten geschmeckt hat – alle drei waren so lecker, dass es nachher Vita war, die uns nach Haus gefahren hat…

Unser Gemüse

Auch wenn wir in Sachen Selbstversorgung mit den Altgläubigen nicht mithalten können: Unser Dorfhaus-Garten versorgt uns mit reichlich Gemüse. Auf den rund 1200 Quadratmetern bauen wir Kartoffeln und Mohrrüben an, dazu Paprika und Beeren, aus denen wir vor allem Marmelade kochen. Im Herbst ernten wir und machen das meiste davon ein; unser Keller ist voll mit den Gemüse-Gläsern. Das ist schon gut, aber ab und zu, vor allem gegen Ende des Winters kaufen wir auch Gemüse; aber nicht im Supermarkt, sondern von unseren Nachbarn, die meistens alle mehr anbauen, als sie selber brauchen.

Deswegen plane ich ein Gewächshaus; mit dem könnten wir es schaffen, uns den kompletten Winter mit eigenem Gemüse zu versorgen, Eine wirkliche Selbstversorgung ist das zwar noch nicht; wir haben ja zum Beispiel kein Getreide, um unser Brot zu backen. Das bekommen wir entweder von einem Bekannten, der selber backt, oder wir kaufen Getreide direkt beim Bauern, lassen es mahlen und backen dann selber Brot. Trotzdem wäre ein Gewächshaus ein großer Schritt hin zur Selbstversorgung.

In jedem Fall müsste ich das Gewächshaus entweder mit Isolierglas ausstatten oder ich nehme ein Blechdach, das ich mit Isolierwolle dämme und für die Wände nehme ich normales Glas. Die Sonneneinstrahlung allein würde das Gewächshaus schon auf Temperatur bringen, und das Gemüse wird sehr schnell wachsen.

Auch diese Gewächshaus-Idee zeigt mir wieder: Zu Anfang ist ein Projekt etwas Neues, ein Riesenberg, der sich da vor einem auftut. Ich hatte ganz zu Beginn keine Ahnung, wie das funktioniert, was es da gibt und was man alles bauen und berücksichtigen muss. Aber mit jedem Schritt, den du machst, wird dieser Riesenberg ein Stückchen kleiner, das Projekt wird transparenter, es zeichnen sich einzelne Stufen und Zwischenziele ab. Und die sind, für sich allein genommen, durchaus machbar. Du darfst dich also nicht von einem Riesenberg vor dir abhalten lassen von einem Projekt. Denn der Riesenberg besteht aus einzelnen kleinen Bergen. Und wenn du es schaffst, diese Berge als Einzel-Ziel sichtbar zu machen und zu besteigen – dann schaffst du auch den ganzen Berg, das ganze Projekt.

Meine Autos

Zehn Jahre in einer Gegend, in der asphaltierte Straßen die Ausnahme und Schlagloch-Wege die Regel sind – das bringt einen hohen Verschleiß an Autos mit sich. Ich habe in dieser Zeit einiges an Marken und Modellen ausprobiert.

Angefangen hat es mit meinem Buchanka; ich hatte insgesamt drei davon. Der Buchanka ist ein russisches Auto, vom Konzept und von der Form her könnte man ihn mit einem VW Bus vergleichen. Er ist ziemlich robust, hat einen Allrad-Antrieb, eine hohe Bodenfreiheit und eignet sich deswegen gut für schlechte Straßen und leichtes Gelände.

Meinen ersten Buchanka habe ich 2016 gekauft, es war ein Modell aus den 80er Jahren, und ich habe damit in meiner ersten Sibirien-Zeit gefühlt Dutzende von Tonnen Bauholz, Zement, Werkzeug und anderes Material damit transportiert. Leider habe ich das Auto dann mal an einen Russen verliehen – der prompt einen Unfall damit hatte. Der Buchanka war nur noch Schrott. Der zweite Buchanka war schon ziemlich runter als ich ihn gekauft habe; ich habe ihn zwei Jahre gefahren, danach hätte ich ihn teuer reparieren lassen müssen und ich habe ihn lieber für wenig Geld verkauft. Dann habe ich mir ein neueres Modell gekauft, zwei Jahre alt, in der Hoffnung, dass das länger hält und weniger Probleme macht. Leider entpuppte sich dieses Auto als absoluter Fehlgriff: Der Motor sprang immer schwer an, das Auto blieb häufig liegen, die Servolenkung ging kaputt, die Elektronik fiel aus und nach einem halben Jahr musste ich einen neuen Motor einbauen lassen. Das Abenteuer und der Ärger mit diesem Buchanka endete ein Jahr später: Im Hochwasser des Kasir und einem geplatzten Motor. Damit waren alle meine Buchanka-Träume und -Pläne erledigt.

Für die Touren mit meinen Gästen hatte ich parallel zu den drei Buchanka zwei andere Autos: Von 2017 bis 2018 einen Land Rover. Der war ganz gut, ich hatte ihn in Deutschland gekauft und bin dann damit nach Sibirien gefahren, ein Jahr später wieder zurück, und in Deutschland habe ich ihn auch verkauft. Von 2018 bis 2021 hatte ich einen Mitsubishi Pajero, der allerdings auch schon 15 Jahre alt war. Aber auch der war nach drei Jahren und mehreren tausend Kilometern auf russischen Schotterstraßen hinüber.

Vor einem Jahr habe ich dann Nägel mit Köpfen gemacht und mir einen Toyota Tundra Pickup gekauft: Fünf Meter lang, Achtzylinder, 350 PS, Allrad, knapp drei Tonnen schwer. Und mit schon 250.000 Kilometern auf dem Tacho. Er ist zwar ein Spritfresser, aber er ist absolut zuverlässig, und Benzin kostet in Sibirien rund 50 Cent. Allerdings: So schön es ist, mit dem Tundra auf der Straße zu fahren, egal, ob asphaltiert oder Schotter – für schweres Gelände, für die sieben Schlagloch-Kilometer zwischen Cheremshanka und der Farm, ist er nur bedingt zu gebrauchen, dafür ist er zu schwer, die Gefahr, dass er steckenbleibt, ist groß. So wie vor zwei Monaten im April, als der Erdboden durch die 20 Grad warme Sonne, die Schneeschmelze und viel Regen weich und zäh wie

Kuchenteig war. Mit viel Schwung und voller Hoffnung wollte ich mal eben durch ein Schlammloch pflügen… Zwei Stunden habe ich gebraucht, um mit einer Schaufel und der Hilfe eines zweiten Autofahrers den Tundra da wieder rauszukriegen.

Deswegen habe ich mir für schweres Gelände letztes Jahr den ultimativen russischen Geländewagen gekauft: einen UAZ 469; ein Militärauto. Der ist hier weit verbreitet, sowohl in der Armee als auch in der Land- und Forstwirtschaft, er ist komplett offen, hat kein Dach, sondern nur eine Plane, wiegt nur 1,5 Tonnen und hat natürlich Allrad-Antrieb. Den UAZ hatten schon in der DDR die russischen Offiziere gefahren. Mein Modell ist zwar Baujahr 1982, aber wie neu: In Russland gibt es alte Armee-Bestände, vom Hubschrauber, über Panzer, LKWs bis eben hin zum UAZ. Die Fahrzeuge sind vor 30 Jahren fast im Neuzustand konserviert worden und werden jetzt Stück für Stück verkauft. Mein UAZ ist nur wenige Kilometer gelaufen, er hat allerdings keine Papiere, und ich kann ihn deswegen nicht anmelden. Aber das ist kein Problem, ich fahre ihn nur in der Taiga. Wenn ich damit doch einmal im Dorf unterwegs bin, muss ich aufpassen, denn da fährt schon ab und zu die Polizei Streife.

Der UAZ ist bislang durch alle Schlammlöcher, einen halben Meter hohe Fahrspuren und unter Wasser stehende Wiesen gekommen. Das gibt mir die Sicherheit, dass ich bei jedem Wetter von der Farm ins Dorf und wieder zurückkomme. Allerdings brauchte der UAZ gleich nach dem Kauf neue Bremsen und die Kupplung machte auch Schwierigkeiten. Glück für mich: Ich hatte zu der Zeit gerade einen Gast aus Deutschland, der auch UAZ-Fan ist, selber einen fährt und viel daran herumschraubt. Für ihn war es eine Freude, dass er meinen hier reparieren konnte. Und als Dank für seine Arbeit durfte er mit meinem UAZ die Taiga erkunden.

Ausnahmsweise – denn ich lasse Gäste nicht mit meinen Autos fahren. Weniger aus Angst um meine Autos, sondern aus Angst, dass den Gästen etwas passiert. Nicht weil sie nicht fahren können, sondern weil ein Deutscher die Dinge, Straßen und Gefahren in Sibirien einfach nicht kennt, nicht einschätzen kann. Ein Hügel in einem Kilometer Entfernung sieht harmlos aus; beim Näherkommen wird er immer höher, der Weg immer rutschiger. Und dann zeichnen sich in dem Schlamm zwei Fahrspuren ab, jeweils einen halben Meter tief. Es gibt links und rechts Erdwälle und leichte Überhänge, die nach starkem Regen durch die kleinste Erschütterung abrutschen; das sind dann einige Tonnen, die auf dem Auto oder den Insassen liegen.

Mit dem Tundra und dem UAZ bin ich bestens für alle Fahrten gerüstet. Den Tundra nehme ich für alles außerhalb der Taiga: Einkaufen, Gäste abholen, Baumaterial transportieren, Familien-Ausflüge. Der UAZ ist mein Taiga-Auto, den fahre ich eben nur zwischen Dorfhaus und Farm.

Vita ist von meinem Fuhrpark und den vielen Auto-Abenteuern völlig unabhängig: Sie fährt einen relativ neuen Lada Niva, besucht damit ihre Freundinnen, macht Besorgungen und chauffiert Paulina zum Ballett- und Gesangsunterricht ins Nachbardorf.

Autos – sind Autos. Deswegen wusste ich schon immer: Egal, welches Auto ich habe und wie viele – es muss noch ein Fahrzeug her: ein Trecker. Der stand schon lange auf meiner Wunschliste. Im Herbst 2021 hat es dann geklappt.

Endlich: (M)ein Trecker

Ich will einen Trecker kaufen. Und es soll ein Belorus werden. Der Belorus ist der gängigste Trecker in Sibirien, er ist zuverlässig, robust, trotzdem bezahlbar und es gibt problemlos günstige Ersatzteile – sagt mein Freund und Trecker-Experte Maxim. Wir gucken in den Kleinanzeigen und finden einen Belorus, ungefähr 200 Kilometer entfernt. Max und ich fahren hin. Der Trecker ist nicht schlecht, erst ein Jahr alt. Aber Maxim will erst noch einen weiteren Trecker angucken; in Krasnojarsk stehen gleich drei. Aber das sind mal eben 800 Kilometer bis dorthin. Wir fahren trotzdem hin, übernachten dort und gucken uns am nächsten Tag die Trecker an. Keiner von denen kommen in Frage; alle drei sind alt, in zu schlechtem Zustand, mehr oder weniger Schrott. Aussehen tun sie erst einmal gut. Aber Maxim weiß, dass die Russen alte Trecker nehmen, ein neues Führerhaus draufsetzen und alles schön neu lackieren. Außen hui und innen pfui.

Wir entscheiden, doch den ersten Trecker zu kaufen – der ist aber leider inzwischen verkauft. Also suchen wir weiter und finden in Abakan einen Belorus-Trecker, zwei Jahre alt, in gutem Zustand, kaum gelaufen und sogar mit einem Ladearm – den „mein" Trecker in jedem Fall haben sollte. Nach kurzen Verkaufs-Verhandlungen werden wir uns mit dem Verkäufer einig, und ich kaufe gleich noch einen passenden Anhänger dazu. Maxim fährt Trecker und Anhänger die 200 Kilometer nach Hause; nach sechs Stunden sind er, der Trecker und Anhänger bei mir auf der Farm.

Am nächsten Tag lerne ich meinen Trecker genauer kennen. Der Belorus MTS 82 ist in Weißrussland gebaut worden, es gab ihn auch schon in der DDR. Er hat eine Hydraulik-Technik, das ist sehr wichtig für meine zukünftige Landwirtschaft, man kann einen Ladearm vorn betreiben und es gibt hinten ein Mähwerk. Ich bin schon in der DDR Trecker gefahren. Als erstes spiele ich mit dem Ladearm herum, damit kann ich schwere Sachen abladen, irgendwo hinbringen, hochheben. Schönes Teil. Dann habe ich mit dem Mähwerk meine Wiesen gemäht, fünf Hektar. Es ging, aber da kann ich sicher noch besser werden; der Trick ist, das Mähwerk im richtigen Winkel zum Gras einzustellen. Und mit der richtigen Geschwindigkeit zu fahren. Aufpassen muss ich, dass ich keine Steine treffe, und die Hügel und damit unterschiedlichen Steigungen sind auch Übungssache.

Fahrt ins Hochwasser

Paulina, zwei russische Gäste und ich wollen mit dem Buchanka zu den Kasir-Stromschnellen fahren. Die sind im Moment besonders eindrucksvoll, wir hatten viel Schnee und überall sind kleine Seen, in denen sich das Schmelzwasser sammelt. Es sind nur 15 Kilometer bis zu den Stromschnellen, die Straße an sich ist gut, aber sie verläuft parallel zum Fluss Kasir, links die Felsen, rechts der Fluss. Es gibt eine Stelle, an der die Straße durch eine tiefe Senke geht, die im Frühling, nach der Schneeschmelze, vom Hochwasser des Kasir überflutet wird. Mal ist dieser „See" auf der Straße nur 15 Zentimeter tief, manchmal aber auch einen halben Meter; bislang war die Durchfahrt aber immer möglich.

Ich rufe bei Freunden an, die in der Nähe der Senke wohnen und die die Straße oft befahren. Ihre Auskunft: Ja, schon hoch, aber in den letzten Tagen ist das Wasser schon ein bisschen weniger geworden. Klingt ermutigend, und da es ohnehin keinen anderen Weg zu den Stromschnellen gibt, haben wir keine Wahl und fahren los. Im schlimmsten Fall müssen wir halt umkehren.

Als wir an die Senke kommen, ist der Wasserstand auf der Straße ungewöhnlich hoch – was angesichts des vielen Schnees, der in diesem Winter gefallen ist und der nun schmilzt, logisch ist. Der „See" ist auch länger als sonst, ungefähr 300 Meter. Wir fahren bis dicht ans Wasser, ich
steige aus und versuche mir den Verlauf der jetzt unter Wasser liegenden Straße vorzustellen. Das ist tiefes Wasser. Da auch die Leitplanken
nicht mehr zu sehen sind, schätze ich den Wasserstand auf 70 Zentimeter Meter. Der Buchanka ist hoch; entscheidend ist die Höhe des Luftfil-
ters, wenn der Einlass hoch genug ist, dass dort kein Wasser eintritt,
könnte es gehen.

Wir wagen es.

Langsam fahre ich ins Wasser, ganz sanft geht es tiefer, rund um den
Buchanka steigt das Wasser. Erst hat es halbe Reifenhöhe, dann steigt es
über die Radnaben, dann sind die Reifen komplett unter Wasser,
schließlich strömt das erste Wasser in den Innenraum. Und steigt weiter. Durch die Flutwelle, die wir vor uns herschieben, spritzt das erste
Wasser an die Windschutzscheibe. Ich habe den Eindruck, dass wir die
tiefste Stelle erreicht haben, gleich müsste die Straße langsam wieder
ansteigen und der Wasserstand ums und im Auto müsste sinken. Dann
– ein Knall! Der Motor geht aus, der Buchanka steht. Das Wasser erreicht
jetzt unsere Sitzfläche. Die beiden Russen sagen kein Wort, haben Panik
in den Augen.

Mit ist sofort klar, was ich jetzt als erstes tun muss. Ich steige aus, das
Wasser schießt in den Innenraum. Das ungefähr vier Grad kalte
Schmelzwasser verursacht mir einen Kälteschock, und ich spüre auch
sofort die starke Strömung, muss mich am Buchanka festhalten, um
nicht fortgerissen zu werden. Ich stehe bis zur Hüfte in dem eiskalten
Schmelzwasser. Ich reiße die hintere Tür auf, sage unseren Gästen, dass

sie im Auto bleiben sollen. Dann packe ich Paulina, lege sie mir über die Schulter und gehe vorsichtig die Strecke zurück, die wir ins Wasser gefahren sind, ungefähr 200 Meter. Nach einer gefühlten Ewigkeit und tatsächlichen zehn Minuten erreichen wir den trockenen Asphalt. Ich setze Paulina ab.

Inzwischen haben sich an der Stelle einige Zuschauer eingefunden, die unsere See-Fahrt und meine Rettungsaktion gespannt verfolgen. Unter ihnen auch ein Bekannter, der mit seinem Geländewagen unterwegs ist. Wir besprechen kurz, was zu tun ist, seine Frau kümmert sich um Paulina.

Ich habe immer ein 20 Meter langes Stahlseil im Auto, gehe also durch den See zum Buchanka, der Geländewagen langsam hinter mehr her. Am Buchanka angekommen, beruhige ich die beiden Russen, die noch immer ängstlich und frierend im Auto sitzen, schnappe mir das Stahlseil und lege die offene Schlaufe am einen Seilende um die Anhängerkupplung des Buchanka. Das andere Ende nehme ich und befestige es an der vorderen Stoßstangenhalterung des Geländewagens, der jetzt knapp 20 Meter hinter dem Buchanka steht. Ich setze mich ans Steuer des Buchanka, und der andere Wagen zieht uns, beide Autos rückwärtsfahrend, aus dem Wasser. Als wir trockenen Boden unter den Füßen haben, gibt es großen Applaus von den Zuschauern. Für sie war das eine tolle Show. Das ist eben Sibirien.

Der leblose Buchanka bleibt erst einmal am Straßenrand stehen. Paulina und unsere beiden Gäste fahren im Geländewagen mit zu meinen Bekannten nach Hause, ich finde jemanden, der mich mitnimmt nach Cheremshanka. Beim Dorfhaus springe ich in den Tundra, hole Paulina und unsere Gäste ab, und wir fahren zurück nach Hause. Während der Fahrt löst sich langsam die Spannung, der Schreck ist vorbei, es ist nichts

Schlimmes passiert. Und als Paulina mit ihren fünf Jahren sagt, dass sie das ganz toll fand, wie ich sie durch das Wasser ans Ufer getragen habe – können wir schon wieder richtig lachen. Auch für den Buchanka geht die Sache letztendlich gut aus: Ein Nachbar will ihn unbedingt haben und würde ihn auch selbst abschleppen. Das ist meine Chance, diese Karre, über die ich mich seit Jahren ärgere, loszuwerden. Geld hat der Nachbar nicht, dafür bietet er zehn Kubikmeter Bauholz an. Ich schlage sofort ein.

Später erfahre ich, dass wir nicht die einzigen waren, die im Hochwasser des Kasir steckengeblieben sind: Auch ein anderer Buchanka und sogar ein LKW sind in den Fluten „untergegangen".

Ein Mai-Tag im Dorfhaus

Die Sonne scheint, draußen sind es 25 Grad. Ich sitze in unserer neuen oberen Etage im Dorfhaus und schaue auf die schneebedeckten Sajan-Berge. Diese obere Etage habe ich letzten Winter ausgebaut. Vor zwei Jahren hatte ich das Erdgeschoss komplett renoviert, rund 60 Quadratmeter; letztes Jahr haben wir dann noch einen Anbau gemacht, zwei Etagen, das sind noch einmal ungefähr 60 Quadratmeter. Im Erdgeschoss haben wir jetzt eine Sauna, müssen im Winter, wenn wir sie vor allem nutzen, nicht mehr nach draußen gehen – die bisherige Banja stand im Nebengebäude, sie war viel zu groß, der Fußboden war morsch und sie ließ sich nur schwer beheizen.

Angeheizt wird auch der neue Saunaofen natürlich mit Holz. Ich habe oben in der Sauna einstellbare Lüftungsschächte eingebaut, die führen durch die Decke in die obere Etage. So kann ich entweder mit dem Ofen die Sauna heizen oder das obere Stockwerk. Und nach dem Saunagang die heiße Luft aus der Sauna nach oben leiten. Die Sauna ist nur für uns drei, dadurch ist sie klein und braucht nur wenig Holz. Außerdem haben wir jetzt eine extra Küche, in der wir unsere Gäste begrüßen oder auch verabschieden können. Und ebenfalls neu ist ein Vordach über unserer Haustür und eine Terrasse, auf der wir zukünftig die schönen Sommerabende genießen können.

Im Anbau führt eine Treppe nach oben, in einen nun schönen und großen Raum mit zwei Dachschrägen und zwei Giebeln. Einer davon ist verglast, wir haben dadurch einen herrlichen Blick auf die Sajan-Berge, auf denen jetzt, im Mai, noch Schnee liegt. Die eine Hälfte dieses Dachzimmers ist die Nähstube von Vita; die wollte sie immer schon haben. Nun hat sie nicht nur einen schönen Platz zum Nähen, sie muss dafür auch nichts mehr auf- oder abbauen und hat ihre Nähsachen alle und immer griffbereit. Bisher musste sie sich im Haus einen Ort suchen, dort die Nähmaschine hintragen und alles aufbauen.

In der anderen Hälfte des Zimmers haben wir zwei schöne große und richtig bequeme Sessel hingestellt, mit Armlehnen und kleinen Fußhockern. Das ist inzwischen mein Lieblingsplatz, da sitze ich schon morgens um sechs, gleich nach dem Aufstehen, trinke meinen ersten Kaffee, schaue auf die Berge, genieße, hänge meinen Gedanken nach und freue mich des Lebens. Der Raum ist der Schönste im ganzen Haus und er ist deswegen schnell zum Mittelpunkt unseres Hauses geworden.

Ab dem Frühjahr verbringt Vita die meiste Zeit im oder mit Arbeiten für den Garten, Paulina ist bis um 16 Uhr im Kindergarten. Ich mache anstehende Reparaturen im und am Haus und helfe Vita bei schweren körperlichen Arbeiten. Wir arbeiten bis zum späten Mittag. Dann essen wir, ruhen uns aus. Gegen halb vier machen wir uns auf den Weg zur

Kita, um Paulina abzuholen, je nach Wetter und Laune, entweder mit dem Auto, oder zu Fuß. Wenn wir bei der Kita ankommen, sind die Kinder im Sommer immer schon draußen auf dem Spielplatz; bei schlechtem Wetter und im Winter kommen sie um Punkt vier Uhr sie aus der großen Eingangs-Tür und rennen zu ihren Eltern.

Paulina erzählt uns, wie ihr Tag in der Kita war, was sie alle gemacht und gelernt haben. Die Besonderheit: Mir erzählt sie alles auf Deutsch und Vita alles auf Russisch, obwohl Vita natürlich auch die deutsche Version schon verstanden hat.

Paulinas Nachmittags-Programm ist ganz unterschiedlich: Mit uns noch Eis essen gehen und danach im Garten spielen oder mithelfen, Freundinnen in der Nachbarschaft treffen, Ballett- und Gesangsunterricht. Oder sie geht rüber zu „Oma und Opa": Ein russisches Ehepaar, Ludmilla und Valera, um die 70 Jahre alt, die Paulina ein bisschen als Enkelin sehen. Wir kennen uns, seitdem wir hier das Dorfhaus haben, und die beiden haben uns von Beginn an geholfen, uns mit dem Rat und Tat unterstützt. Und inzwischen gehören die beiden fast zur Familie sind. Sehr zur Freude von Paulina, denn auch in Sibirien gilt: Zuhause werden Kinder erzogen – aber bei Oma und Opa werden sie verwöhnt.

Gegen sechs Uhr mache ich für uns drei Abendessen, das es dann entweder in der Küche gibt oder im Garten. Danach bleiben wir bei schönem Wetter noch draußen; im Garten, oder wir bummeln durchs Dorf. Oder wir genießen den Abend im neuen Dachzimmer: Vita näht, Paulina spielt oder liest, ich sitze in meinem Sessel. Und ab und zu gucken Paulina und ich auch Filme, per PC und Beamer. Fernsehen haben wir nicht, auch kein Radio. Das ist sehr entspannend. Und wir sind da nicht die einzigen, viele aus unserem Freundeskreis machen das ebenso. Um halb neun gehen Paulina und ich ins Bett, Vita bleibt meistens, vor allem im Sommer, noch auf, sie ist nachtaktiv, näht noch oder liest und geht manchmal erst um Mitternacht schlafen.

Garten und Pflanzen

Selbstversorgung ist im ländlichen Sibirien selbstverständlich; schon immer haben die Menschen selber dafür gesorgt, dass sie genug zu essen haben – auch noch im März, wenn der lange sibirische Winter langsam zu Ende geht. In den Dörfern hat sich daran bis heute nichts geändert. Unabhängigkeit von anderen zu sein; von Händlern, vom Staat, vom Supermarkt, ist hier überlebenswichtig. Dass es auch billiger ist, sich selber zu versorgen, kommt natürlich noch hinzu. Vor allem jetzt, bei den auch in Russland rasant steigenden Preisen für Lebensmittel.

Sich selbst zu versorgen, die Möglichkeiten dafür zu haben und zu schaffen, war auch für mich schon immer ein wichtiger Grund fürs Auswandern. Nicht nur wegen des Geldes, sondern es ist ein tolles Gefühl zu wissen, dass du alles im Haus und im Keller hast, um nicht zu verhungern; dass deine Vorräte so groß sind, dass sie bis zur nächsten ersten Ernte im Juni reichen. Und ein weiterer schöner Gedanke: Du machst alles selber. Du kannst es und du weißt, was du isst. Das fühlt sich gut an und gesund ist es auch.

Die Kehrseite der Selbstversorgung ist – die viele Arbeit in Garten und Küche. Und in Sibirien kommt hinzu, dass die Garten- und Wachstum-Saison sehr kurz ist; nur rund vier Monate. Wir haben deswegen, wie schon länger geplant, jetzt zwei Gewächshäuser im Garten. Allerdings hatte ich keine Zeit, selber zu bauen; stattdessen sind es zwei Bausätze aus dem Baumarkt geworden; einfache Konstruktionen, die einen soliden Eindruck machen, und die ich einfach zusammenbauen konnte. Die Gewächshäuser verlängern die Gemüse-Saison um ungefähr zwei Monate – was ausreicht, dass wir es bis zur ersten neuen Ernte im Frühsommer fast mit unserem eigenen Gemüse schaffen. So müssen wir nur selten Gemüse kaufen – von unseren Nachbarn, die mehr anbauen, als sie selber brauchen.

Der Zeitpunkt zum Auspflanzen ist immer ein bisschen Glückspiel: Natürlich wollen wir möglichst früh auspflanzen, müssen aber aufpassen, dass es keinen Nachtfrost mehr gibt. Zum Beispiel sind jetzt, Anfang Mai, in den letzten Nächten bei einigen Nachbarn die Tomaten erfroren, die schon auf Freiflächen gepflanzt waren. Die Tomaten waren zwar abgedeckt, aber offensichtlich nicht war die Planen und Decken nicht dick genug. Einige Nachbarn haben in ihren Gewächshäusern auch eine Heizung; entweder kleine elektrisch Heizstrahler oder aber auch einen normalen Holzofen. Für Cheremshanka und die umliegenden Dörfer gibt es auch ein eigenes Internet-Forum, das auch von vielen Bewohnern genutzt wird; sie tauschen sich aus über Garten und Selbstversorgung, schreiben über die besten Methoden und Verbesserungen, geben sich gegenseitig Tipps, warnen vor Nachtfrösten und bieten auch Samen und Pflanzen zum Tauschen an.

Genau genommen beginnt die Pflanz-Saison schon im Herbst des vorherigen Jahres, allerdings ist das eine nur kurze und leichte Arbeit: Wir nehmen die Samen aus den frischen Pflanzen, sortieren und trocknen sie und stecken sie dann in kleine, mit dem Namen der jeweiligen Pflanze beschriftete Tüten. Im März ziehen wir die Pflanzen dann in Töpfen vor – im Haus. Das ist erstens eine Menge Arbeit und zweitens stehen dann für einige Wochen rund 50 Töpfe und einige größere Kübel herum. Überall im Haus. Man stolpert über die Töpfe, und jedes Mal, wenn ich irgendwo was machen will, muss ich erstmal Töpfe wegräumen. Auch in der Küche: Keine Essens-Vorbereitung, kein Kochen, ohne dass ich erstmal Blumentöpfe vom Esstisch nehmen muss.

Parallel zu den Topfpflanzen bereiten wir die Beete in den Gewächshäusern und den Freiflächen vor: Unkraut jäten, ein bisschen frischen Mutterboden auffüllen und dazu Ziegen- und Hühnermist als Dünger. Einen Frühling wie in Deutschland, gibt es hier kaum, das sind vielleicht einige Tage. Im Mai haben wir dann den Übergang vom Winter zum Sommer: nachts sind es noch bis zu minus 5 Grad, tagsüber ist es sonnig und es wird bis zu 25 Grad warm. Jetzt beginnt die „richtige" Garten- und Landwirtschafts-Saison, jetzt wird ausgepflanzt, aber zunächst nur in die beiden Gewächshäuser, 12 und 20 Quadratmeter groß. Erst wenn die die Nachtfröste vorbei sind, bepflanzen wir auch unseren 1200 Quadratmeter großen Garten; in den Dörfern hier ist das die Durchschnittsgröße für eine Garten-Pflanzfläche. Das erste, was wir Anfang Mai pflanzen, sind Tomaten und Gurken. Dann kommen, Ende Mai, Salat, Radieschen, Rüben und Kartoffeln. Entsprechend ernten wir auch zu unterschiedlichen Zeiten, haben also über einen langen Zeitraum immer frisches Gemüse.

Zusammengenommen ist unser eigenes Gemüse-Sortiment ist kaum kleiner als das Angebot eines deutschen Supermarktes: Tomaten, Zucchini, Möhren, Gurken, Radieschen, Schnittlauch, Zwiebeln, Salat, Rüben, Kartoffeln, Kürbisse, Auberginen, Paprika, Wassermelonen, Knoblauch, rote Bete – und vor allem Weißkohl, der ja in der russischen Küche in allen Variationen vorkommt: als Sauerkraut, Salat, gekocht in Suppen, als Schmorkohl mit Buchweizen oder auch angebraten, als Gemüsepfanne, mit Zucchini und Möhren. Und natürlich haben wir einen Kräuter-Garten mit Basilikum, Minze, Schnittlauch, Dill, Petersilie, Fenchel.

In den letzten Wochen habe ich für beide Gewächshäuser eine automatische Bewässerung geplant und gebaut: Auf einem einen Meter hohen Holzpodest steht ein Wassertank mit einem Fassungsvermögen von 1000 Litern. Die fließen über ein fest installiertes Netz von Wasserleitungen in beide Gewächshäuser. Über jeder einzelnen Pflanze ist ein Hahn, den ich so eingestellt habe, dass das Wasser nur heraustropft. Öffne ich den Haupthahn am Wassertank, werden alle Pflanzen betropft. Das ist natürlich eine große Erleichterung gegenüber dem ständigen Gießen.

Die nächste Ausbaustufe: Noch befülle ich den Wassertank alle zwei Tage mit Leitungswasser und Schlauch, demnächst soll er mit Regenwasser gefüllt werden, dazu will ich die Dachrinnen am Haus und Vorbau erneuern und den Abfluss zum Wassertank installieren. Ein Wassertank in der Erde kommt nicht in Frage – bei Bodenfrost von Oktober bis Mai.

Zwei Leckereien „ernten" wir nicht aus dem eigenen Garten, sondern in der Taiga: Birkensaft und Bärlauch. Anfang Mai wachsen in der Taiga ganze Felder von Bärlauch; es ist das erste Grün, das im Jahr am Boden wächst, und der intensive Duft erfüllt die Luft. Der Bärlauch hat unserem Dorf den Namen gegeben: Cheremshanka – „Da, wo der Bärlauch wächst".

Und bevor in der Taiga der Bärlauch reif ist, zapfen wir Anfang April, wenn an den Birken das erste Grün wächst, deren Stämme an: Ich bohre ein kleines Loch in die Rinde des Birkenstamms, stecke das eine Ende eines Schlauchs in das Loch und stelle unter das andere Schlauchende einen Kanister. Sofort laufen die ersten Tropfen Birkensaft durch den Schlauch, nach zwei Stunden sind rund fünf Liter im Kanister. Die ersten Liter Birkensaft trinken wir pur; er ist nicht nur lecker, sondern auch sehr gesund; er reinigt unter anderem die Blutgefäße. Die Liter danach füllen wir in Flaschen, geben pro Flasche drei Rosinen dazu und stellen die Flaschen in den Keller. Nach ein paar Wochen ist der Saft gegoren, prickelt ein wenig und schmeckt wie Cider. Unser Sibirien-Schampus…

Hahn und Hühner

Wir haben immer so um die 15 Hühner, die pro Tag zwischen 10 und 12 Eier legen. Die essen wir fast alle selbst. Ich esse gern Eier; zum Frühstück gekocht, gerührt oder als Spiegelei; als komplette Mahlzeit als Omelett. Viele Eier gehen natürlich auch in Kuchen und andere Süßspeisen. Und wenn wir Eier übrighaben, dann verkaufen oder tauschen wir sie, wir haben schon Stammkunden hier in der Nachbarschaft. Unsere Hühner halten wir zwei Jahre, danach legen sie immer weniger Eier – und kommen in den Kochtopf. Das ist erstens Natur und zweitens esse ich nicht nur gern Eier, sondern liebe auch Hühnersuppe. Den natürlichen Schwund an Hühnern füllen wir im Frühjahr immer auf.

Wir hatten auch über lange Zeit einen Hahn; mit seinem prächtigen bunten Gefieder war er ein Prachtkerl, der zudem pflichtgemäß jeden Morgen gekräht und sich dadurch seinen Namen verdient hat: Caruso. Leider hatte Caruso dann angefangen, mich um meine geliebten Eier zu bringen – und Paulina und ich ertappten ihn dann auf frischer Tat:

Caruso hat ausgekräht (2021)

Seit einigen Tagen sind viele der frisch gelegten Eier zerbrochen. Vom Inhalt ist nichts zu sehen, nur die Schalen liegen im Stall. Der Hühnerstall ist dicht; ein Tier von draußen kann es also nicht sein. Also: Ein

Huhn frisst die Eier. Aber welches? Paulina und ich wollen das heraus-finden und setzen uns in den Hühnerstall. Einen Meter vor uns haben wir ein Ei als Köder gelegt. Dahinter stehen die Hühner, gucken uns an, warten, was passiert. Wir auch.

Es dauert keine fünf Minuten, dann kommt Caruso und pickt, vor unser aller Augen, das Ei kaputt. Der Bösewicht ist erwischt – und nun? Für mich ist der Fall klar: Caruso hat ausgekräht. Das muss ich jetzt Paulina schonend beibringen. Sie ist natürlich entsetzt über die harte Strafe, sieht aber schließlich ein, dass es keine andere Lösung geben kann. Am nächsten Tag geht es Caruso mit dem Schlachtbeil an den Kragen; Pau-lina will zwar nicht hinsehen, steht aber mit zugehaltenen Augen dane-ben. Beim Abbrühen des Hahns schaut sie dann ebenso interessiert zu wie in der Küche beim Ausnehmen. Vita erklärt ihr, wie es geht und zeigt ihr dann die einzelnen Organe: das Herz, die Lunge, den Magen. Paulina ist zwar sichtlich bewegt, hält aber durch, bleibt dabei.

Später lobe ich sie dafür und erkläre ihr meinen Standpunkt: Wer Tiere, also Fleisch essen will, muss auch ertragen, dass Tiere geschlachtet und als Essen zubereitet werden. Und sie isst gerne Fleisch. Auch Caruso. Ich bin ja auf einem Bauernhof groß geworden, Tiere zu schlachten war Alltag. Das habe ich als Kind erlebt: Mit den Kaninchen auf unserem Hof habe ich erst gespielt – und sie am nächsten Sonntag gegessen. Ja, das war hart. Aber das ist eben auch Natur.

Öko-Trend in Sibirien

Gemüseanbau für die Selbstversorgung ist schon immer ökologisch ge-wesen und ist es im ländlichen Sibirien noch immer: Unkraut zupfen,

Fruchtwechsel, Großmutters Tipps – statt Chemie. Aber eben nur auf dem Lande; in den Städten, zum Beispiel in Abakan, ist es wie in Deutschland; kaum jemand baut dort sein eigenes Gemüse an, sondern alle kaufen es im Supermarkt – und der wird ja nicht von kleinen Gemüsebauern beliefert, sondern das Gemüse stammt von riesigen Feldern, in denen das Unkraut nicht mühsam herausgezupft, sondern mit Chemie bekämpft wird. Zwar gibt es auch in den sibirischen Städten den Trend zu mehr Öko, aber das sind nur einige Wenige, ist ja immer eine Frage des Geldes. Wie in Deutschland ja auch.

Der Öko-Trend macht sich aber auch auf dem Lande bemerkbar: Die Preise für Häuser und für Bau-Grundstücke sind schon merklich gestiegen. In den Dörfern rund herum sind Grundstücke inzwischen knapp. Käufer sind die Städter, die entweder ganz aufs Land ziehen wollen, oder, wenn sie es sich leisten können, die Woche über in der Stadt leben und arbeiten und nur das Wochenende in ihrem Zweit-Haus verbringen. Mit Selbstversorgung haben diese neuen Dorf-Bewohner natürlich nichts am Hut; sie machen am Freitag ihre Großeinkäufe in den Supermärkten und verbringen unbesorgt und gemütlich dann ein idyllisches Wochenende – im „Einklang" mit der Natur"…

Mit dem Zug nach Ulan-Ude

Winter 2021. Vita, Paulina und ich fahren mit dem Zug nach Ulan-Ude, nahe der Grenze zur Mongolei. 3000 Kilometer, drei Tage hin, drei Tage zurück. Die Reise ist, wie immer in Sibirien, ein Erlebnis; wir lernen die russische Kultur, das russische Leben hautnah kennen. Für die Hinfahrt waren alle Abteile im Zug schon ausgebucht, wir reisen also in der „Holzklasse"; ein Schlafsaal auf Rädern: 50 Doppelstockbetten; nachts wird in den oberen Betten geschlafen, tagsüber sind die unteren Betten „Tische und Stühle". Die Reisenden reden, schauen aus dem Fenster, essen Kleinigkeiten, lesen, schlafen, kramen in den eigenen Koffern und gucken neugierig in die der Mitreisenden. Dazu gibt es den ganzen Tag über Tee, jeder Waggon hat einen Samowar für Teewasser. In den alten Zügen wurden die Samoware noch mit Kohle geheizt, inzwischen geht das elektrisch.

Der Speisewagen ist nur für die großen Mahlzeiten. Für den Zwischen-durch-Hunger haben die Russen alles dabei, den Rest kaufen sie auf den jeweiligen Halte-Bahnhöfen von den Frauen, die hier ihre selbst gemachten Speisen anbieten: Piroggen, frittierte Teigtaschen, mit Kartoffeln oder Kohl, Ei und Schnittlauch oder Fleisch. Gemüse, eingelegt oder frisch, mit Zwiebeln oder Knoblauch, gewürzt. Geräucherter Fisch; rund um den Baikalsee ist das vor allem der Omol: Ein Edelfisch, ähnlich der Forelle, mit weichem Fleisch und wenig Gräten.

Es sind ganze Familien, so wie wir, die in dem Zug reisen, aber auch viele Arbeiter, die im Osten Russlands in den Minen arbeiten. Wir lernen Victor kennen, einen „echten" Sibirier: Zwei Meter groß, breit wie ein Schrank, bestimmt 120 Kilo schwer, muskulös und topfit. Er ist Polizist in Moskau und fährt auf Urlaub nach Hause, nach Irkutsk. Auf seinem Handy zeigt er uns stolz ein Video, das zeigt, wie er seinem zehnjährigen Sohn beibringt, mit einer Schrotflinte zu schießen: Der Junge hält das für ihn riesiges Gewehr, gibt sich Mühe einige Sekunden stillzuhalten – und fällt dann fast um, als das Ding losgeht. Obwohl Victor das Video sicher schon in- und auswendig kennt, ist er auch jetzt noch begeistert und freut sich riesig über diesen Spaß… Ins Gespräch kommen wir auch mit einem Ehepaar, das zum Skiurlaub an den Baikalsee fährt; ich erzähle von meinen Ski-Erfahrungen in den Alpen – vor gut 15 Jahren.

In jedem Waggon wacht eine Mamutschka sehr resolut darüber, dass bei aller Lebensfreude niemand über die Stränge schlägt. Wer Ärger macht, sich streiten will, nach 22 Uhr noch laut ist – den weist die Waggon-Vorsteherin schnell in seine Grenzen. Wie immer im Zug, habe ich alle drei Nächte gut geschlafen, das Rattern und Schaukeln wirkt auf mich sehr beruhigend.

In Ulan-Ude besuchen wir Bodo, einen Deutschen, der mit seiner russischen Frau dort eine Hühnerfarm betreibt. Sie haben 1500 Hühner und leben vom Eier-Verkauf. Bodo hatte mich vor einiger Zeit im Internet gefunden, und wir haben ein paar Mail gemailt, darüber, was wir so machen, wie es läuft. Und jetzt wollen wir uns persönlich kennenlernen. Der Hühner-Betrieb ist als ökologisch zertifiziert, die Eier sind also Bio-Eier. Und weil Öko eben auch in Russland ein Trend ist, sehen die beiden noch großes Potential für ihre Farm; sie würden gern die Eier-Produktion und die Zahl der Hühner verdoppeln. Aber sie haben das Problem, das auch ich immer wieder habe: Sie finden keine guten und vor allem keine zuverlässigen Mitarbeiter. Momentan schaffen sie noch, alles allein zu machen, nur sie beide. Aber um die Kapazitäten zu erweitern, bräuchten sie Mitarbeiter. Die Hühnerställe sind isoliert, werden aber nicht beheizt. Einmal pro Woche fährt Bodo mit seinem Kleinlaster die rund 200 Kilometer zu seinen Händlern nach Ulan-Ude. Auf einer Schotterstraße – mit mehreren tausend Eiern auf der Ladefläche…

Bodo lädt uns zu seinen Schwiegereltern ein, zur Familienfeier anlässlich des Frauentages am 8. März. Dieser Tag war schon zu Sowjetzeiten ein Feiertag, und auch heute wird der Tag in Russland so begangen, wie es sich gehört: Männer verwöhnen ihre Frauen. So sagen es jedenfalls die Russen. Das mag hier und da so sein, aber tatsächlich ist auch in Russland der 8. März ein Tag, an dem die Frauen einen langen Arbeitstag haben – in der Küche. Denn es wird ordentlich gefeiert, und das heißt ja auch immer: gut essen, viel trinken. Mit und in der Familie, mit Verwandten und Bekannten, Freunden und Nachbarn.

Gegen Mittag holt Bodo uns vom Hotel ab, und wir fahren gemeinsam zum Haus der Schwiegereltern. Traditionell bringen die Gäste an einem Feiertag Blumen mit – in der Stadt. Auf dem Lande sind Anfang März selten frische Blumen zu bekommen und wenn, würden sie bei, heute minus 5 Grad, eine längere Anreise kaum überstehen. Deswegen bringen auf dem Lande die Gäste Pralinen mit.

Nach 20 Minuten halten wir vor einem alten russischen Haus und werden, ganz russische Art, überaus herzlich begrüßt. Paulina überreicht die schön verpackten Pralinen; unsere Gastgeberin bedankt sich herzlich und führt uns ins Wohnzimmer, in dem schon ungefähr 20 weitere Gäste sind. Die ersten Wodkas sind schon getrunken, die Stimmung ist laut und fröhlich, wir sind sofort „mittendrin" in der Familie. Das Zimmer mit seiner altmodischen Einrichtung ist mehr als gut geheizt, alles ist ein bisschen eng, aber sehr gemütlich.

Dann tischen die Frauen auf: Suppen, Teigtaschen Permeni, Schaschlik, Fleisch. Lammfleisch, mehrere Sorten Gemüse. Das war viel Arbeit für die Frauen, und es ist offensichtlich, dass sie schon vor Tagen damit angefangen haben. Bevor wir zulangen, hebt der Hausherr sein Wodkaglas in die Höhe, lobt und preist seine Frau als die beste von ganz Russland, bedankt sich bei ihr und ihren Helferinnen für alles, was auf dem Tisch steht. Nastrovje! Und danach sind alle anderen Männer dran mit ihren Lobreden. Natürlich ist das Essen so lecker, wie es aussieht. Ich mag besonders Bortsch und auch Soljanka, die beiden klassischen russischen Suppen.

Anders als in Deutschland, wird in Russland lange, manchmal den ganzen Tag lang gegessen und getrunken, der Tisch bleibt immer voll, immer wieder wird aufgetischt, immer wieder erheben Männer ihre Gläser und halten kurze Reden, sie gehen auch zu ihren Frauen, Müttern und Großmüttern direkt an den Tisch, danken ihnen für alles, was sie Gutes getan haben, wünschen ihnen ein langes Leben und geloben ewige Treue. Die Frauen nehmen die Würdigungen und Danksagungen huldvoll an – über die oft nicht so lobenswerten Taten ihrer Männer legen sie, zumindest heute und jetzt, den Mantel des Schweigens.

In einer Essenspause rücken die Großmütter zusammen und singen, begleitet von einem Balalaika-Spieler, ihre alten und traditionellen russischen Lieder. Vita erzählt mir später, dass es darin natürlich um die wichtigsten Thema für Russen überhaupt geht: Die Liebe zu Russland, die Sehnsucht nach der Taiga, und erst dann, die Sehnsucht nach dem Liebsten.

Danach wird neu aufgetischt und es geht in die nächste Runde: Nachtisch, Kekse, Kuchen, Sahne und viele weitere Süßigkeiten.

Der Tag vergeht mit Essen, Reden, Trinken, Singen, in alten Zeiten schwelgen. Als kleine Unterhaltung lässt sich Bodo auf ein Spielchen mit den Männern ein; sie laden ihn ein, mit ihnen zu trinken, und er nimmt dankend das gut gefüllte Wodkaglas an. Während die Männer einen guten Schluck aus ihren Gläsern nehmen, nippt Bodo nur am Glas, kippt den Wodka in einem unbeobachteten Moment in den nächsten Blumentopf und reicht das leere Glas in die Runde. Das wiederholt er ein paar Mal. So übersteht er den Tag recht nüchtern, gilt aber ab sofort als „Der Deutsche, der uns fast unter den Tisch trinken kann".

Am nächsten Tag fahren wir nach Hause, drei Tage, mit dem Zug. Statt des Schlafsaals, wie auf der Hinfahrt, haben wir jetzt ein komfortables Vierbett-Abteil gebucht. Drei Betten für uns, das vierte ist nur ab und zu von einem Mitreisenden belegt. So kommen wir auch ins Gespräch mit anderen, verbringen Stunden zusammen. Sehr interessant, sehr angenehm. Der Zug hat eine Klimaanlage, an den Sitzen und Betten gibt es USB-Steckdosen, die Toiletten und Duschen sind modern und werden ständig sauber gehalten. Ich fahre gern Zug, es könnten auch gern mal zwei Wochen sein.

Feuer in Sibirien

Wir sind mal wieder in Petropavlovka, haben Paulina zur Ballettstunde gebracht. Diese Stunde nutzen Vita und ich oft für einen Besuch im Café. Frischer Kuchen, Torten, Blaubeerkuchen, Käsekuchen. Tee, Kräuter, Taigakräuter-Tee – alles sehr lecker, wir können uns immer schwer entscheiden. Als wir entspannt Tee und Kuchen genießen, sehen wir draußen Rauch aufsteigen, ungefähr einen Kilometer vom Café entfernt. Ich vermute, dass es entweder das Deutsche Haus ist, das dort brennt, oder das danebenliegende Jugendzentrum. Wir lassen Tee und Kuchen stehen und fahren Richtung Rauchsäule – es ist das Jugendzentrum.

Als wir ankommen, brennt nur der Giebel; Nachbarn versuchen, mit Eimern und Wasser aus einem Brunnen das Feuer zu löschen. Vita will mithelfen, ich winke ab: Ich weiß, dass es nur eine Sache von Minuten sein wird, bis das ganze Haus brennt: eine Holzkonstruktion, das Dach gedeckt mit Holzschindeln, dazu hat es über Tage nicht geregnet und es ist windig.

Tatsächlich ist nach 30 Minuten alles heruntergebrannt, das frühere Gebäude, rund sechs mal neun Meter groß, zwei Etagen, liegt in Schutt und Asche. Ich vermute, die Jugendlichen haben den Ofen angemacht, und dann sind aufsteigende Funken durch den Schornstein aufgestiegen und auf den hölzernen Dachschindeln gelandet. Von da hat es nur Minuten gebraucht, bis das Feuer auf die Holzkonstruktion des Hauses übergesprungen ist.

In Sibirien brennen immer wieder Häuser ab. Entweder sind die Häuser selbst die Brandursache, weil, sehr oft, die Haus-Elektrik nicht fachgerecht installiert worden ist. Oder, wie vermutlich jetzt, Funkenflug. Manchmal setzen auch brennende Zigarettenstummel ein Gebäude in Brand. Oder die Häuser verbrennen in den Buschbränden, die vor allem jetzt, im späten Frühjahr, ausbrechen. Die Landschaft ist staubtrocken; Autos ziehen auf den Schotterpisten eine kilometerlange Staubfahne hinter sich her, und in der Taiga ist noch alles grau und vertrocknet. Es gibt nur das das alte Gras vom Vorjahr, die Sonne scheint, es sind 25 Grad – und es ist windig. Da reicht ein Funke, und die Taiga brennt wie Zunder, ein paar hundert Hektar. Das ist normal, und die Natur braucht diese Feuer auch. Denn die Asche ist guter Dünger, und nach Wochen ist alles im frischen Grün.

Deswegen werden diese Feuer in der Regel nicht gelöscht. Nur wenn sie zu nahe ans Dorf kommen, wenn Häuser und Menschen in Gefahr sind, rückt die Feuerwehr an. Irgendwo brennt die Taiga immer, über hunderte von Kilometern zieht der Rauch durchs Land, es riecht nach Feuer, die Luft ist aschig, die Sonne ist durch den Qualm kaum zu sehen. Vorsorgen kann man, wenn überhaupt, nur gegen kleine Brände; auch ich habe in Haus und Hütte zwei große Feuerlöscher zu stehen. Wenn aber jemals um uns herum die Taiga brennt – dann ist das eben Sibirien.

Kapitel 6: Mein Winter- und Hüttenleben

Mein Winterleben in der Hütte. Die Winter in Sibirien. Die drei Männer-Werkstatt. Im Winter nach Abakan. Festgefahren – mit dem Schneemobil. Vita und Paulinas Schlitten-Abenteuer. Eisangeln.

Mein Winterleben in der Hütte

3. Januar. Ich fahre mit dem Schneemobil vom Dorfhaus zurück zur Farm. Es ist Mittag, die Sonne hat ihren Tages-Höchststand erreicht und steht jetzt, Anfang Januar, gerade über den Gipfeln der höchsten Birken. Sie scheint von einem wolkenlosen blauen Sibirien-Himmel. Es sind minus 25 Grad, die verschneite Landschaft ist unberührt; fast tut es mir leid, dass ich mit dem Schneemobil Spuren in den Schnee ziehe. Ich genieße die Fahrt, den Tag, das Leben, bin dankbar für die schönen Tage mit meiner Familie: Im Dorfhaus haben Vita, Paulina und ich gemeinsame und schöne Tage verbracht, Weihnachten waren wir unter uns, Silvester haben wir bei Freunden im Nachbardorf verbracht. Jetzt bin ich voller Vorfreude auf die nun wieder vor mir liegenden Allein-Tage.

Auf der Farm ist alles in Ordnung; über die Tage ist die Hütte auf minus 15 Grad ausgekühlt. Das ist nur kalt, aber kein Problem, denn alles, was frostempfindlich ist, und natürlich auch alle Wertsachen, also Laptop, Fotokamera und Handy nehme ich ohnehin immer mit, wenn ich die Hütte verlasse. Alles andere kann Minusgrade vertragen.

Ich füttere als erstes die beiden Öfen im Wohn- und im Schlafzimmer. Das Holz habe ich dicht an der Hütte gestapelt, um möglichst schnell und einfach Nachschub zu holen. Jetzt, bei schönem Wetter, ist das nicht so wichtig, bei Schneesturm und meterhohem Neuschnee schon.

Ich setze Wasser für einen Kaffee auf und packe aus, was ich vom Dorf-Aufenthalt mitgebracht habe: Eier, Butter, Brot, Kartoffeln, Fleisch, Wurst, Käse, Kekse, Schokolade. Dann kocht das Wasser, ich gieße den Kaffee auf und setze mich mit dem Kaffeebecher und ein paar Keksen raus auf die Terrasse.

Stille, Natur, Sonne. Schönheit. Das Gefühl, angekommen zu sein. Hier. Genau hier. Auch und gerade bei und mit minus 25 Grad. Die Kälte ist ja nicht bedrohlich, und so wird sie zum Erlebnis, ich kann sie genießen; spüre, wie die eiskalte Luft durch die Nase strömt, sie durch die Brust in die Lungen geht. So frisch, voller Energie, so lebendig. Kälte gehört zu meinem, ja selbst gewählten, Leben, einfach dazu. Wer das eine will, muss das andere mögen. Und zudem sitze ich höchsten eine halbe Stunde hier draußen. Dann sind es in der Hütte schon 15 Grad plus; ich werde mir drinnen die dicke Wolljacke ausziehen und es mir für die nächsten Tage gemütlich machen und mein Hütten-Leben genießen.

Am nächsten Morgen zeigt das Thermometer als tiefsten Wert minus 32 Grad an. Aber geschneit hat es nicht. Jetzt ist es neun Uhr, die Sonne steht noch tief im Osten, Dämmerlicht über der Taiga und in der Hütte. Vor zwei Stunden bin ich einmal kurz auf, habe den Ofen im Wohnzimmer angemacht, und dann zurück ins Bett. Jetzt sind es im Wohnraum knapp 15 Grad – weil sich mein Körper mit den Sibirien-Jahren an die Kälte gewöhnt hat, ist das für mich mollig warm.

Für den Tag habe ich keine Pläne. Wie immer im Winter, hängt mein Programm von zwei Dingen ab: vom Wetter und von meiner Energie. Beides ist nicht vorhersehbar, und ich habe es mir deswegen abgewöhnt, im Winter den nächsten Tag zu planen. Die Hütte ist warm, und ich habe keine Verpflichtungen, keine dringenden Arbeiten, keine Termine. Die einzige „Arbeit" ist es, Holz zu holen. Und natürlich muss ich mir irgendwann eine Kleinigkeit kochen.

Das mag nach recht bescheidenen Ansprüchen an den Tag und ans Leben klingen. Aber diese beiden so banal und minimal klingenden Voraussetzungen anzunehmen und sich damit zufrieden zu geben – das musst du erst mal hinkriegen. Ich habe mehrere Jahre und viele Wintertage dafür gebraucht; wollte in meinen ersten Sibirien-Jahren auch im Winter ein geplantes Arbeits-Programm tagsüber durchziehen, auf Biegen und Brechen. Natürlich bin ich damit gescheitert, habe deswegen die kalten und nur kurzen Tage verflucht und in den scheinbar endlos langen Nächten ungeduldig, schlaflos und schlecht gelaunt den Sonnenaufgang herbeigesehnt. Jetzt nehme ich Sibirien an. Und damit alles, was dieses Land hat und mit sich bringt. Und wenn es Winter wird und ist, scheint die Natur in meinem Körper einen Schalter umzulegen: Vom ruhelosen, aktiven, starken Abenteurer – zu einem gelassenen, in sich ruhenden und einfach nur dankbaren Lebewesen inmitten der Natur. Na ja – meistens jedenfalls.

Sieben Kilometer sind es vom Dorfhaus zur Hütte. Im Sommer, mit dem Auto, brauche ich dafür rund 30 Minuten. Im Frühjahr, der „weglosen Zeit", wenn der Schnee taut und der Weg eine Schlammwüste ist, gibt es nur eine Möglichkeit: zu Fuß – und da bin ich knapp zwei Stunden unterwegs. Und natürlich kann ich maximal meinen Rucksack tragen, alles was da nicht reinpasst, kann ich nicht vom Dorf zur Farm transportieren. Ich muss also schon Mitte März darüber nachdenken, was ich an schweren Dingen demnächst brauchen könnte und das dann auch schon zur Farm bringen. Jetzt, im Winter, mit dem Schneemobil, brauche ich eine Viertelstunde; manchmal aber auch weniger: Mein Rekord liegt bei acht Minuten – mit Tempo 100…

Nach ein paar Tagen Abwesenheit ist das Ankommen auf der Farm für mich inzwischen eine eingespielte Prozedur. Sobald die Hütte in Sichtweite ist, mache ich den ersten Kontrollblick: Sieht alles so aus wie immer? Sind keine Holzschuppen unter der Schneelast zusammengebrochen? Keine Fensterscheibe kaputt? Dann: Einfahrt aufs Grundstück, Schneemobil parken, Motor abstellen. Drei Sekunden in die Stille horchen. Absteigen, langsam, vorsichtig, die Beine sind steif. Blick nach oben zum Schornstein: Abzug frei, kein Schnee drauf? Schlüssel rausholen, aufschließen, in die Hütte gehen. 360 Grad Blick: alles okay? Dann: Ofen füttern, Feuer an. Damit ist das Wichtigste erst mal getan, jetzt kann ich langsam abschalten, entspannen. Einer der schönsten Momente in meinem Leben.

Das Feuer brennt, und schon einige Minuten später spüre ich, wie sich die Wärme ausbreitet; je nach Außen-Temperatur ist die Hütte schnell warm. Ich kann das nicht beschleunigen, muss und kann mich diesem vorgegebenen Tempo anpassen – und komme auch dadurch schon zur Ruhe. Ich lade das Schneemobil ab: Im Winter sind das meistens nur ein paar Taschen mit Lebensmitteln für die kommenden Tage; nur selten größere Teile oder Baumaterial.

Dann mache ich meinen Rundgang übers Grundstück. Egal, ob ich nur zwei Tage oder zwei Wochen weg war, ob im Dorf, in der Stadt, nur im Dorfhaus oder auch bei und mit anderen Menschen: Immer merke ich, dass ich hier bei mir selber ankomme, kann spüren, dass genau hier mein Zuhause ist. Ich gehe weiter übers Grundstück, runter zum Fluss. An den Ufern immer eine dicke Eisschicht, in der Mitte entweder noch offenes Wasser, oder auch hier ist alles zugefroren.

Beim Blick auf den vereisten Fluss denke ich daran, wie komfortabel viele Dinge in meinem Hüttenleben im Laufe der Zeit geworden sind.

Zum Beispiel das Wasserholen. Seitdem ich mein Trinkwasser mit der elektrischen Pumpe aus dem eigenen Brunnen hole, ist es egal, ob und wie weit der Fluss zugefroren ist. In der Vor-Pumpenzeit war Wasserholen eine schweißtreibende und nicht ganz ungefährliche Arbeit: Hatte es seit dem letzten Wasserholen nicht geschneit, dann waren meine letzten Schnee-Spuren zum Fluss noch da; bei und nach Neuschnee, musste ich neue Spuren in den Schnee treten. Dann: Mit Kanister, Schöpflöffel, Axt und Schlitten runter zum Fluss. Prüfen, wie dick und tragfähig das Eis ist. Das vorherige, aber jetzt wieder zugefrorene Wasserloch in der Eisdecke aufhacken, Wasser schöpfen bis der 20-Liter-Kanister voll ist und meine Hand, die beim Schöpfen immer ein bisschen nass wird, fast erfroren; bloß schnell wieder den Handschuh anziehen. Und immer das Risiko, dass ich im Eis einbreche.

Zum Beispiel Schnee schaufeln. Wenn ich früher im Winter nach einigen Tagen zurück zur Hütte kam, war Schnee schaufeln die erste Arbeit, noch vor dem Wasserholen – und die Betonung liegt auf „schaufeln": Rund um die Hütte, zum Holzschuppen und dann, der längste und damit anstrengendste Weg, zum Fluss, rund 100 Meter von der Hütte. Danach war ich, auch bei minus 20 Grad, nassgeschwitzt. Jetzt, mit dem eigenen Trecker ist Schneeräumen ein toller Winterspaß.

Ich gehe zurück zur Hütte, sehe den leichten Rauch, der aus dem Schornstein steigt. Und freue mich wieder einmal auf die kommenden Tage und Nächte in der Hütte.

Mein Körper hat sich dem Rhythmus, den Jahreszeiten der Natur angepasst. Während ich in den Sommermonaten mit sechs, vielleicht sieben Stunden Schlaf auskomme, sind es im Winter selten weniger als zwölf Stunden; bei Schneesturm verbringe ich auch mal den ganzen Tag im Bett: schlafen, dösen, Tee trinken, lesen, in den Laptop gucken, wieder einschlafen, essen, mit Vita telefonieren. Und wenn es dann am späten Nachmittag draußen wieder dunkel ist – wird es aber auch höchste Zeit zum Schlafen gehen. Oder ich gehe meiner Lieblingsbeschäftigung im Winter nach: lesen.

Ich lese gern und viel – natürlich vor allem im Winter. Ganz oben auf meiner Leseliste stehen Bücher, in denen es um die Themen geht, in denen auch ich mich wiederfinde: Reise, Natur, Überleben. In Deutschland habe ich alles gelesen, was ich über Sibirien nur finden konnte. Aus den 70er Jahren habe ich ein Buch über Taiga-Jäger. Faszinierend finde ich ein Buch über Perma-Kultur, über Projekte und Versuche, Regionen zu nutzen, die für Pflanzen oder sogar Landwirtschaft eigentlich zu heiß oder zu kalt sind. Mich interessieren neue Formen der Energie-Gewinnung; Theorien dazu, wie uns unsere heutigen Arbeitsformen krankmachen und wie sie der Natur schaden. Und immer wieder lese ich Bücher über Menschen, die in scheinbar ausweglosen Situationen einen Ausweg finden; Menschen, die mit innerer Kraft und Stärke auch die schlimmsten Schicksalsschläge überstehen.

„Es geht nicht darum, im Leben gute Karten zu haben. Sondern darum, mit den Karten, die du hast, möglichst gut zu spielen." Ich weiß nicht, von wem der Satz stammt; ich kenne ihn seit meiner Jugend und ich stimme dieser Weisheit uneingeschränkt zu.

Viel zu lesen, im Winter ganze Tage „zu vertrödeln", sich treiben zu lassen – dass musste ich erst lernen. Inzwischen mache ich das gern und habe dabei kein schlechtes Gewissen mehr. Ich fliehe vor nichts, die Zukunft ist für mich nicht grau oder bedrohlich. Das war in meinen ersten Sibirien-Jahren anders, da hatte ich mit dem Ballast zu kämpfen, den ich aus meinem früheren, „zivilisierten" Leben noch mitgeschleppt habe: Ich muss was schaffen, ich muss Geld verdienen, ich muss allen zeigen, was ich Tolles mache und ich darf nicht den ganzen Tag rumhängen, und natürlich habe ich nie Zeit.

Solche Ziele und Ansprüche funktionieren aber nicht in einem Leben, in dem die Natur die Vorgaben macht. Stattdessen nehme ich inzwischen die Dunkelheit des Winters ebenso an wie die Minusgrade. Ich stelle mich darauf ein, lasse mich von der Natur leiten, dirigieren. Alles ist gut, alles bleibt gut. Ich vertraue der Natur, ich traue meinem Körper, meinem Geist. Sibirien und ich – wir passen einfach gut zusammen.

Die Winter in Sibirien

Auch wenn die Farm geografisch auf der Höhe von Berlin liegt, sind die Winter hier viel kälter und länger als in Deutschland. Das liegt daran, dass Sibirien eine riesige Landmasse ist, ohne die Nähe zum Meer, das ja im Winter immer wärmer ist als Festland. In Deutschland sorgen Nord- und Ostsee für wärmere Winter. Trotzdem herrscht auch im langen Sibirien-Winter nicht über Monate nur eisige Kälte, toben nicht dauerhaft Schneestürme. Es gibt immer wieder große Temperaturschwankungen – und, wieder im Vergleich zu Deutschland, viele kalte, aber sonnige Wintertage.

Auch in Sibirien sind drei Dinge in jedem Winter ganz unterschiedlich: Temperaturen, Dauer des Winters und Schneemenge.

Die Temperaturen: Es gibt Kälteperioden, in denen es nachts bis zu minus 50 Grad wird; tagsüber kaum weniger. Aber ebenso gibt es auch mal wärmere Tage: minus 10 Grad, manchmal sogar am Tag auch knapp über Null.

Die Winterdauer: Mal ist der Winter lang, dann eher kurz, dementsprechend unterschiedlich sind Beginn und Ende des Winters. 2021 hat es Ende September den ersten Schnee gegeben – aber wir hatten Mitte Oktober auch schon mal 20 Grad plus. Manchmal taut die Frühlingssonne schon im März den ganzen Schnee weg, manchmal musste ich beim Wasserholen noch Ende April Schnee vom Fluss schieben und Eis aufhacken.

Die Schneemenge: Mal fallen in einer Woche zwei Meter Schnee. Da kommst du kaum aus der Hütte raus. Früher habe ich dann zwei Stunden gebraucht, um 20 Liter Wasser vom Fluss zu holen. Und manchmal fällt eine Woche lang überhaupt kein Schnee. Im Winter 2020 hatten wir extrem viel Schnee; Schuppen, Gewächshäuser und Vordächer sind unter der Last der Schneedecke zusammengebrochen. Bei so viel Schnee sind die großen Kettenfahrzeuge, die Raupen, mit denen sie im Dorf den Schnee räumen, im Dauereinsatz. Geräumt wird natürlich zuerst und immer wieder die Hauptstraße, die von Cheremshanka zu den anderen Dörfern führt.

Dank des Schneemobils und des Treckers komme ich auf der Farm mit jeder Schneemenge und -höhe zurecht. Allerdings bringt Neuschnee es immer mit sich, dass ich mit dem Schneemobil neue Spuren in den Schnee fahren muss. Und mit Schneespuren ist es wie mit den Millionen: Die erste ist immer die schwerste; egal ob du die Spur mit dem Schneemobil ziehst oder zu Fuß unterwegs bist. Ist die erste Spur erst einmal gefahren oder getreten, ist das Fahren oder Gehen viel einfacher. Wichtig ist die Schneemenge des Winters auch noch im April und Mai: Je mehr Schnee gefallen ist und auch noch liegt, desto mehr Schneematsch liegt dann auf den Wegen. Und umso länger dauert es, bis der Schnee taut, das Schmelzwasser versickert und damit die Wege wieder befahr- oder begehbar sind. Deswegen schiebe ich noch im Winter mit dem Trecker so viel Schnee beiseite wie es geht und verkürze dadurch die weglose Zeit: Von ungefähr Ende März bis Ende April ist dieser Teil Sibiriens eine Schlammwüste, in der man nicht mehr mit dem Schnee-mobil und noch nicht mit dem Geländewagen fahren kann. Wenn man jetzt unbedingt irgendwo unterwegs sein muss oder will – dann nur zu Fuß.

Die Gelassenheit, den sibirischen Winter und das Winter-Leben anzu-nehmen reicht bis Mitte Februar – dann schleicht sich, erst selten, dann häufiger und stärker, Ungeduld in meine Winter-Hütten-Tage: Jetzt will ich, dass der Frühling kommt! Ich spüre, wie meine Energie erwacht, habe Ideen für neue Projekte und kann es kaum abwarten, endlich los-zulegen. Aber in der Regel sind es noch sechs Wochen, bis Ende März, Anfang April. Und es kann auch mal Anfang Mai werden, bis der Win-ter sich endlich verabschiedet. Zwar gibt es auch im März schon ein paar sonnige Tage, aber erstens liegt noch Schnee, so dass ich draußen noch nichts machen kann, und zweitens kann es sein, dass nach einem Tag März-Sonne noch für drei Tage ein Schneesturm mit minus 20 Grad über die Taiga fegt.

Die Drei-Männer-Werkstatt

Montag, 21. Dezember, 6 Uhr: Alles noch dunkel. Alles still. Vita und Paulina sind im Dorfhaus, ich bin allein auf der Farm. Ich habe unruhig geschlafen und jetzt das Gefühl, dass die Nacht schon zu Ende ist. Was natürlich Unsinn ist: Erst gegen neun Uhr, also in drei Stunden, wird die Sonne aufgehen und den neuen Tag ankündigen. Den 21. Dezember. Winteranfang. Schnee, Kälte, Eis. Und dazu werden die Tage wieder länger.

Winter in Sibirien. Die Tage sind oft wolkenlos; der Himmel ist tiefblau und bildet damit einen wunderbaren Kontrast zu der verschneiten Landschaft; unberührt, in makellosem Weiß, bis zum Horizont. Aus den minus 50 Grad in der Nacht werden so tagsüber durchaus minus zehn Grad in der Sonne. Schönstes Wetter, bei dem ich oft stundenlang durch die Taiga streife; wenn es länger nicht geschneit hat, auf inzwischen freigetretenen Wegen oder bei Neuschnee, auf Schneeschuhen. Anstrengend, aber meine Glücksdroge: allein, Natur, Stille. Zurück in der Hütte lege ich dann Holz nach, koche, räume auf und genieße gemütliche Abendstunden.

Aber erst einmal ist heute Großeinsatz in der Werkstatt: Aufräumen, Umbauen, einen Ofen einbauen. Geplant habe ich das schon länger, heute soll es losgehen. Das hat mich schon gestern beschäftigt und auch heute Nacht. Was genau will ich wie haben, was bedeutet das an Arbeit, Material, Aufwand? Einen exakten Plan habe ich noch nicht, ich weiß nur ungefähr, wie ich loslegen will – alles andere wird sich ergeben. Und: Ich habe gestern schon meine beiden Nachbarn und Freunde Aljoscha und Jenja gebeten, mir heute dabei zu helfen; beide haben sofort zugesagt und wollen gegen neun Uhr hier sein. Also ziehe ich mir jetzt, um kurz nach sechs, die Bettdecke noch einmal über den Kopf und hole ein bisschen von dem wegen der Werkstatt-Gedanken verpassten Schlaf nach.

Um halb neun stehe ich auf. Im Schlafzimmer sind es 15 Grad, mein großer, gemauerter Ofen hält die Wärme auch über Nacht. Der Ofen in der Küche nicht, hier sind es nur 5 Grad, und ich heize den Ofen neu an. Ich koche Kaffee, genieße den ersten Schluck, höre, wie die Scheite im Ofen inzwischen brennen, spüre die sich ausbreitende Wärme. Sibirien ist so ursprünglich, so echt, so faszinierend.

Nach dem ersten Schluck hole ich Butter und Marmelade, beides selbst-gemacht, aus dem Vorratsschrank und schneide vom selbst gebackenen, Brot ein paar ordentliche Scheiben ab. Dazu, auf einem Teller, frisch ge-backene Blintschiki, sibirische Pfannkuchen; mit Zuckerguss, Honig, Marmelade, oder auch herzhaft, mit Fisch oder Fleisch.

Um neun Uhr kommt Aljoscha. Gefrühstückt hat er schon, aber ein paar Blintschiki und einen Becher Kaffee nimmt er natürlich gern. Wir spre-chen kurz über die anstehende Arbeit in der Werkstatt, es bleibt aber bei wenigen Worten. Um halb zehn trudelt auch Jenja ein, der mit großen Augen auf Kaffee, Brot und Blintschiki guckt und der sich natürlich da-mit auch noch stärkt für den großen Arbeitseinsatz.

Um zehn Uhr legen wir dann endlich los. Die Werkstatt ist ein Anbau an unser Blockhaus, ungefähr drei mal fünf Meter groß. Der Haupt-grund für die Auf- und Umräum-Aktion ist der Einbau und Anschluss eines Ofens für die Werkstatt. Bislang hieß es: Warm anziehen, wenn im Winter hier gearbeitet werden muss. Mit einem Ofen wird es zwar nicht kuschelig warm, aber aus den manchmal minus 30 Grad draußen wer-den plus 10 Grad hier drinnen. Das ist schon ein Unterschied. Ergattert habe ich den 100-Kilo-Ofen aus einem Schuppen beim Dorf-Nachbarn; unter einem Stapel Holz stand er dort seit Jahren, und sein Besitzer war schnell bereit, ihn für ein paar Rubel abzugeben. Ich kann nur hoffen, dass der gusseiserne Oldie noch in Ordnung ist, also gut zieht und vor allem keine Risse hat, durch die Rauch aus dem Brennraum nach außen dringen könnte.

Aljoscha ist Mitte 40, er wohnt mit seiner Mutter ungefähr einen Kilo-meter von mir. Er hat keine abgeschlossene Ausbildung, keinen Beruf, macht Gelegenheitsarbeiten; alles, was eben auf dem Lande und hier in

Sibirien so anfällt. Und natürlich ist auch er Selbstversorger, arbeitet dafür viel im eigenen, großen Garten. Zudem ist er handwerklich sehr geschickt, wobei er mehr in Zentimetern plant und arbeitet. Millimeter-Werke sind nicht so seine Stärke; wenn hinterher alles ungefähr passt, ist es für ihn perfekt. Er hat meistens gute Laune und viel Energie und Zuversicht, ein „geht nicht" gibt es für ihn nicht und er ist nicht aus der Ruhe zu bringen.

Jenja ist ebenfalls Russe – aber ein ganz anderer Typ. Er und seine Freundin Olga sind vor einem Jahr hier aufgetaucht. Die beiden hatten mich gefragt, ob sie sich hier für den Winter einmieten können, in einem der Gästehäuser. Wir haben vereinbart, dass sie hier wohnen können und dafür mithelfen auf der Farm. Erst einmal bis zum Frühjahr, schauen wir mal, wie es läuft. Die Beiden wollen Landwirtschaft betreiben, Ziegen halten und Käse produzieren. Leider gehört auch Jenja zu denen, die viel ankündigen und dann doch eher wenig liefern; er hat in Moskau gelebt und hofft, hier sein Lebensglück zu finden.

Neben seinen großen Worten und wenigen Taten ist Jenja zudem nicht der große Handwerker; körperliche Arbeit und Anstrengung generell sind nicht so seine Sache. Und: Die russische Eigenart, Termine als eine überwiegend unverbindliche Empfehlung anzusehen, ist bei ihm sehr ausgeprägt. Er sollte sich seine Freundin Olga zum Vorbild nehmen, sie ist nicht nur zuverlässig, sondern kennt sich sehr gut aus mit Blumen, Gemüse und Kräutern und arbeitet unermüdlich im Garten. Ich drücke den beiden die Daumen für ihren Lebenstraum, aber ich habe hier schon einige „Aussteiger" erlebt, die ähnliche Pläne hatten und die dann schnell erkannt haben, dass sie das wohl doch nicht schaffen. Der Traum vom glücklichen, selbstbestimmten und unabhängigen Leben auf dem Lande ist nicht so einfach, wie er auf den ersten Blick scheint.

Aljoscha und Jenja kommen gern und oft bei mir vorbei, mindestens einmal am Tag. Und das nicht nur zum Arbeiten, sondern einfach so, auf einen Schwatz, auf einen Kaffee. Das ist schön – Männer-Freundschaft. Aber manchmal habe ich doch Wichtigeres zu tun, und es hat eine Weile gedauert, bis ich mit unseren unterschiedlichen Wünschen umgehen konnte. Inzwischen funktioniert das sehr gut; ich freue mich, wenn sie vorbeikommen, kann aber auch sagen, wenn Schwatz und Kaffee für mich mal gerade nicht passen.

Inzwischen begreifen sie das und versuchen auch nicht, mich zu überreden, noch nehmen sie es mir krumm, dass ich sie abweise. Wir merken, dass wir alle drei zu sehr seelenverwandt sind, als dass wir uns ernsthaft böse sein können. Und so leben wir, neben der gemeinsamen Arbeit und den Kaffee-Gesprächen unser Männer-Leben auch bei längeren Taiga-Touren aus: unterwegs sein, raus und weg von allem sein, unabhängig. Angeln, Jagen. Leben in und mit der Natur. Was mehr könnten wir uns wünschen?

Wir lernen voneinander. Ich lerne Russisch von ihnen, denn natürlich sprechen beide weder Deutsch noch Englisch. Ich bin also gezwungen, nach den richtigen russischen Worten zu suchen, manchmal auch mit dem Handy-Übersetzer. Das ist anstrengend, aber ich merke, dass ich dadurch mehr Russisch lerne als bei Gesprächen, bei denen jemand beide Sprachen spricht und alles für mich übersetzt.

Wenn wir in der Taiga unterwegs sind, lernen Aljoscha und ich voneinander: Biwaks bauen, Spuren lesen, jagen, fischen, Felle abziehen, Fische ausnehmen und zubereiten – da sind wir Partner, schauen uns gegenseitig Naturwissen ab. Jenja ist da außen vor; als Stadtmensch würde er allein vermutlich nicht einmal eine kalte Regennacht in der Taiga überleben.

Eigene Gelassenheit lerne ich durch den Umgang mit Jenjas „Fehlern", mit seinen großen Worten und wenigen Taten. Und mit seiner Unpünktlichkeit. Gefühlt hundert Mal wollte ich ihm in den vergangenen Jahren deswegen schon sagen, dass ich auf seine Hilfe verzichten will – und ich es dann doch nicht gesagt habe. Vermutlich habe ich immer schon geahnt, dass das eine falsche Entscheidung gewesen wäre, denn inzwischen merke ich: Jenjas Unpünktlichkeit und Faulheit nerven mich immer weniger. Ich gestehe ihm zunehmend seine „schlechten" Eigenschaften zu, sehe bei ihm mehr die Mühe, die er sich bei der Arbeit gibt, sehe in ihm einen Menschen, der mir wohl gesonnen und der gern mit mir zusammen ist. Irgendwie mag ich ihn, denke, dass jeder nicht nur eine zweite, sondern manchmal auch eine zwanzigste Chance verdient. Vielleicht bin ich mit ihm auch so nachsichtig, weil es Zeiten gegeben hat, in denen ich selbst ein bisschen so war wie er.

Der Ofen steht, das Abzugsrohr geht sauber durch das Dach – alles fertig. Anlass und Zeit für einen Kaffee und ein paar Kekse. Ich gehe ins Haus, um alles zu holen, Aljoscha und Jenja füttern derweil den „neuen" Ofen: zuerst dünne Birkenrinde, darauf eine Lage klein gehacktes Fichtenholz und dann dicke Birkenscheite. Als ich mit Kaffee und ein paar Blintschikis zurückkomme, überreichen sie mir die Streichhölzer, denn natürlich ist es meine Sache, den neuen Ofen zum Leben zu erwecken. Die Streichholzflamme hat kaum die Birkenrinde erreicht, da flammt sie schon auf. Ich lasse die Ofenklappe noch ein bisschen auf, mache sie erst zu, nachdem auch die ersten Fichtenstücke brennen.

Aus dem Ofen kommt das beruhigende Geräusch der Zugluft. Also ist nicht nur der Ofen an sich in Ordnung, sondern wir haben beim Einbau auch alles richtiggemacht und das Rohr zum Ofen und im Dachdurchgang gut abgedichtet. Wir stoßen mit Kaffee an auf unsere erfolgreiche Arbeit, genießen, wie die Wärme langsam durch die ganze Werkstatt strömt. Nach 20 Minuten sind die ersten dicken Scheite durchgebrannt, wir machen die Ofentür auf – und verfallen, mit Blick aufs Feuer, in die typische „Wenn Männer nur ins Feuer glotzen"-Schweigsamkeit.

Aljoscha hat für die neue und nun warme Werkstatt auch gleich einen Auftrag an Land gezogen: Für einen Nachbarn im Dorf soll er eine neue Küchenarbeitsplatte bauen. Und das macht er natürlich und ohne dass es einer Absprache dafür bedarf, in dieser Werkstatt. Ja – formal und aufgrund des Besitzes ist es meine Werkstatt. Aber in Sibirien gilt: Wer etwas hat, was auch andere brauchen, stellt es anderen auch zur Verfügung. Zumal, wenn wie in diesem Fall, die Werkstatt ja nicht weniger wird, sich nicht abnutzt, der Besitz also nicht weniger wird. Ob diese Haltung an den Jahrzehnten des Sozialismus liegt oder an den harten Lebensbedingungen hier in Sibirien, weiß ich nicht. Ich weiß nur: So ist es. Und es funktioniert; niemand verschließt sich mit dem, was er hat, dieser Regel und kein Nutzer würde versuchen, sich durch diese Regel einen unfairen Vorteil zu verschaffen.

Was die Werkstatt angeht, so haben sich Aljoscha und Jenja ja allein durch ihre Mitarbeit beim heutigen Ofen-Projekt ein Anrecht auf Mitbenutzung erworben; bleibt abzuwarten, ob sie es dabei belassen, oder ob sie dieses Nutzungsrecht vielleicht auch auf ihre Freunde übertragen werden. Ich müsste dann also damit rechnen muss, dass demnächst Fremde hier auftauchen, sich als Freunde von Aljoscha oder Jenja vorstellen und damit beanspruchen, die Werkstatt zu nutzen. Aber – hier greift eine andere sibirische Lebensweisheit: Löse Probleme erst, wenn sie wirklich auftauchen. Bis dahin genieße das Leben…

Fünf Stunden haben wir für den Ofen-Einbau gebraucht; die kleine Einweihungs-Zeremonie inklusive. Dann wird es für mich aber auch Zeit, meinen Helfern und Freunden durch überschwänglichen Dank deutlich zu machen, dass die Arbeit nun erledigt und ihre weitere Anwesenheit nicht mehr zwingend erforderlich ist. Und natürlich haben Aljoscha und Jenja das auch genau so verstanden und sich verabschiedet. Ich habe die Farm für mich.

Im Winter nach Abakan

Auch wenn das Leben im Stadthaus sehr komfortabel ist, vor allem im Vergleich zur Hütte: Manchmal brauchen wir, Vita mehr als ich, die große Stadt. Dann wird es Zeit für eine Fahrt nach Abakan: 150.000 Einwohner, Verwaltung, Ärzte, Geschäfte Supermärkte Restaurants – nichts Besonderes, aber für uns ein lockendes Ziel. Im Winter, im Sommer und zu anderen Jahreszeiten, wenn die Straße gut befahrbar ist, brauchen wir für die rund 200 Kilometer drei Stunden. Im Frühjahr, an Regentagen wird aus der Straße eine Schlammpiste, für die man durchaus auch mal zwei Tage braucht – und die man dann am besten gar nicht befährt.

Jetzt, im Januar, ist die Fahrt kein Problem. Die Straße ist mit einer dicken Eisschicht überzogen, hart wie Asphalt, aber eben sehr glatt, und wir fahren, wie die meisten Autos im Winter, mit Spikes. Es ist 9 Uhr, nur wenige Autos sind unterwegs, manchmal haben wir die Straße für uns allein. Die Heizung im Mitsubishi läuft auf Hochtouren, wir genießen die Fahrt. Ab und zu ein Schluck heißer Tee aus der Thermoskanne, der blaue Himmel und die Sonne sorgen für innere Wärme.

Für unsere zwei Tage in Abakan haben wir vorab eine kleine Wohnung gebucht, dorthin bringen wir jetzt nur schnell unser Gepäck – und traditionell geht es dann zum Italiener: ins Mama Roma. Vor 30 Jahren ist der gebürtige Italiener nach Abakan gekommen und verwöhnt seitdem in seiner Pizzeria Einheimische und Sibirien-Besucher mit Pizza und Pasta aus seiner Heimat Neapel. Obwohl wir die Speisekarte fast schon auswendig kennen, gehen wir die große Auswahl noch einmal durch – und entscheiden uns dann doch für unsere Favoriten: Vita für die scharfe Meeresfrüchte-Suppe und Salat, und ich nehme frittierte Garnelen mit Salat. Paulina freut sich, wie immer, auf „Smileykees", eine Eigenschöpfung der Pizzeria: frittierte, aus Kartoffeln geschnittene lachende Gesichter.

In der Stadt deutet kaum etwas darauf hin, dass wir in Sibirien und damit 6000 Kilometer von Deutschland sind; lediglich die zusammengeschobenen Schneemassen, die sich an den Straßenrändern und auf freien Flächen auftürmen, wären für eine Stadt in Deutschland ungewöhnlich hoch. Die meisten Straßen und auch Fußwege sind vom Schnee geräumt, die Mittag-Sonne wärmt, und wir bummeln, genießen das Stadtleben, das große Warenangebot in den Geschäften, kaufen hier und da ein und haken damit nach und nach unsere Einkaufsliste ab.

Wir nutzen unsere Zeit in Abakan auch für Papierkram: Für Vitas Einbürgerung lassen wir hier Dokumente übersetzen und notariell beglaubigen. Vita und Paulina haben vor einiger Zeit die russische Staatsbürgerschaft beantragt. Probleme wird es dabei nicht geben, denn erstens ist Vita Ukrainerin, und zweitens hat Russland ein Einwanderungsprogramm für Ukrainer gestartet. Und natürlich muss sie nicht den sonst obligatorischen Sprachtest machen, da sie ja ohnehin russisch spricht. Und wenn die Mutter Russin wird, kann es die Tochter auch gleich werden. Für die Einbürgerung müssen wir noch mit der Behörde sprechen, hier in Abakan, und auch noch einige Papiere vorlegen.

Mit vollen Einkaufstaschen und dem Gefühl, uns einen schönen Kurzurlaub gegönnt zu haben, fahren wir nach zwei Tagen wieder nach Hause. Als wir in Cheremshanka ankommen, geht mein erster Blick hinters Haus, wo ich mein Schneemobil mitsamt dem Anhänger-Schlitten geparkt habe. Beides ist noch da. Im Dorfhaus genieße ich noch zwei weitere Tage den Komfort des Dorflebens, das warme Haus, die perfekt eingerichtete Küche, das Badezimmer mit Dusche und Toilette.

Festgefahren - mit dem Schneemobil

Dann wird es für mich wieder Zeit für die Taiga und ich beginne zu packen: Frische Klamotten, Lebensmittel, Werkzeug und Baumaterial, das ich in Abakan gekauft habe. Kleidung und Lebensmittel kommen in zwei große wasserdichte Säcke, die ich, wie auch alles andere, in den Anhänger-Schlitten lege und dort mit Spanngurten verzurre. Meine Wertsachen-Tasche mit Laptop, Kamera und anderen wichtigen Dingen nehme ich mit aufs Schneemobil.

Es ist Vormittag, Schneetreiben und minus 25 Grad. Das Schneemobil springt sofort an. Alles also kein Problem, in einer guten halben Stunde will ich in der Hütte sein, bin in Gedanken schon dort: Ich werde ordentlich Schnee schaufeln müssen, hoffentlich hat der viele Schnee keine Schäden angerichtet. Und wenn doch? Vielleicht ist eines der alten Dächer unter der Schneelast zusammengebrochen. Wie kann ich das reparieren? Habe ich genug Material und das richtige Werkzeug?

Am Ende des Dorfes, hinter dem letzten Haus und den letzten vom Schnee geräumten Metern, geht der Weg ab in Taiga. Normalerweise haben andere Schneemobile hier schon eine Spur gezogen; jetzt aber ist türmt sich eine gut einen Meter hohe Schneewand vor mir auf. Ganz schön hoch. Eine weiße, unberührte Fläche. Aber ich habe keine Wahl. Also: Augen auf, Gashahn auf – und durch. Mit ihren 75 PS dröhnt das Schneemobil in den Schnee, nimmt die ersten Meter, schafft es auf die Höhe der Schneedecke, dann noch knapp hundert Meter – um dann einzusacken. Mitsamt dem Anhänger-Schlitten. Die Schneeketten drehen durch, alle PS sind nutzlos. Motor aus. Stille. Nachdenken.

Der erste Gedanke: Ich habe keine Schaufel dabei. Und auch keine Schneeschuhe. Weil ich ja in Gedanken schon bei der Hütte war. Weil ich keine Lust auf noch mehr Gepäck hatte. Weil ich bequem war. In der Stadt ist das kein Problem. Hier schon. Das erkenne ich wieder einmal. Deswegen überlege ich nicht lange, sondern weiß, dass ich zum Dorfhaus gehen und eine Schaufel holen muss.

Ich steige vom Schneemobil – und stehe bis zur Brust im Schnee; brauche zwei Minuten, um da herauszukommen. Durch den meterhohen Schnee kämpfe ich mich den Weg durch das Schneefeld zurück. Nach einer halben Stunde habe ich die rund 100 Meter geschafft und die Straße erreicht, nach weiteren zehn Minuten bin ich am Dorfhaus. Als Vita mich hört und sieht, ist sie erschrocken, denkt natürlich an einen Unfall. Zähneknirschend gestehe ich ihr ein, dass ich „nur" eine Schaufel brauche. Die hole ich, dazu die Schneeschuhe. Zweiter Abschied.

Nach einer knappen Stunde bin ich zurück am Schneemobil. Ich lege die Schneeschuhe in den Anhänger, nehme die Schaufel in die Hand und schippe den Schnee VOR dem Schneemobil weg. Nach zehn Minuten bin ich außer Atem. Ich schaue auf die zwei Meter lange Spur, die ich bislang geschafft habe. Blödsinn – was soll das werden? Eine sieben Kilometer lange Spur bis zur Hütte? Eines steht fest: Hier komme ich auf keinen Fall durch. Also bleibt nur der Weg zurück. Ich denke nach.

Auf der anderen Seite des Dorfes führt eine Holzfäller-Straße Richtung Farm – die Straße, die wir schon im Winter 2014 bei unserem allerersten Hütten-Besuch gegangen sind: Sechs Kilometer Straße, dann rechtwinklig abbiegen und noch einmal zwei Kilometer durch die Taiga. Damals waren wir zu Fuß unterwegs, jetzt ist das auch der Ausweg für die Fahrt mit dem Schneemobil. Ich nehme die Schaufel und räume jetzt den Schnee HINTER dem Schneemobil und dem Anhänger weg.

Um 14 Uhr, drei Stunden nach meinem Aufbruch vom Dorfhaus, fahre ich durch Cheremshanka, biege von der Hauptstraße in die Holzfäller-Straße ein. Sie ist geräumt, aber inzwischen ist schon wieder eine Menge Neuschnee gefallen. Ich komme gut voran, aber Sorgen bereiten mir die hochgeschobenen Schneewälle beiderseits der Straße. Wie soll ich, wenn ich abbiegen muss Richtung Taiga, da rüberkommen?

Nach gefühlten sechs Kilometern muss ich den Wall rechts in Angriff nehmen, da muss ich hoch, dahinter liegt in rund zwei Kilometern Entfernung die Hütte. Ich steige ab, suche mir eine Stelle aus, die niedriger scheint als der restliche Wall. Und dann: Drauf und Vollgas. Schneemobil und Anhänger-Schlitten beschleunigen, nach ein paar Metern stellen sich beide steil nach oben, sausen den Wall hoch, schweben ein paar Meter waagerecht, stürzen in den Schnee, das Schneemobil kippt um, ich falle runter in den weichen Pulverschnee. Und habe den Wall geschafft. Außer einem, gefühlt, 200er Puls ist mir nichts passiert, auch Schneemobil und Anhänger sehen unversehrt aus. Ich wuchte das Schneemobil wieder auf die Kufen, richte den Anhänger aus, gehe um die ganze Fuhre noch einmal drum rum, sitze auf. Ich starte den Motor, gebe dann vorsichtig Gas. Schneemobil und Anhänger setzen sich in Bewegung, und der Schnee scheint fest genug, um beides und mich zu tragen.

Leider verändert sich der Schnee mit jedem Meter, und ich breche noch einmal ein. Und noch einmal. Und noch einmal. Mal kann ich absteigen und Schneemobil und Anhänger rückwärts aus dem Schnee fahren; mal muss ich den Anhänger abkoppeln, dann erst das Schneemobil rausholen und mit der Schaufel vor dem Anhänger eine Fläche frei schippen, auf der ich dann das Schneemobil platziere und den Anhänger wieder ankoppele.

Nach zwei Stunden habe ich die Hütte in Sichtweite, bin aber noch 200 Meter entfernt. Und breche wieder ein. Es ist später Nachmittag, die Sonne ist schon untergegangen, kaum noch Tageslicht. Ich bin völlig erschöpft, durchgeschwitzt, merke aber, dass mir langsam kalt wird. Ratlos bleibe ich ein paar Sekunden auf dem Schneemobil sitzen, rundherum Wände aus Schnee. Ich weiß, dass ich das Ding jetzt einfach nicht mehr raus und hoch auf die Schneedecke kriege. Ich ziehe den Zündschlüssel ab, nehme meine Tasche mit den Wertsachen, steige ab, nehme vom Anhänger meinen Rucksack und lasse Schneemobil und Anhänger, wo sie sind. Schritt für Schritt kämpfe ich mich durch den meterhohen Schnee zur Hütte. Alle fünf Meter muss ich eine Minute Pause machen; ich schwitze, keuche, fluche, könnte heulen. Ich bin restlos fertig.

Ich weiß nicht, wie lange ich gebraucht habe, aber irgendwann habe ich die Haustür aufgeschlossen. Zuhause. Nach einer Woche Abwesenheit ist es in der Hütte fast so kalt wie draußen. Anmachholz habe ich immer neben dem Ofen, das Feuer brennt also schon nach ein paar Minuten. Aber der Ofen zieht nicht richtig, das Feuer brennt kaum und innerhalb von Minuten ist die Hütte total verqualmt. Ich rüttele an der Ofen-Abzugsklappe, aber die ist offen. Dann wird mir klar: Der Schornstein ist zu; er ist innen zugeschneit und das ganze Dach liegt unter einer geschlossenen Schneedecke. Keine Chance, jetzt aufs Dach zu gehen und den Schornstein frei schaufeln. Also bleibt nur die harte Tour: Fenster auf – und warten, bis der aufsteigende heiße Rauch aus dem Ofen den Schnee im und auf dem Schornstein weggetaut hat…

Trinkwasser habe ich nicht in der Hütte, bei dem Frost würde es zu Eis frieren und den Kanister sprengen. Ich gehe ans offene Fenster und schaufele einen Topf voll Schnee. Den Topf stelle ich auf den Ofen, der inzwischen schon besser brennt und abzieht. Während das Wasser langsam heiß wird ziehe ich mir trockene Sachen an.

Mit einer Tasse Tee in der Hand werde ich langsam ruhiger, finde zu mir zurück. Schließlich scheint der Schornstein komplett frei zu sein, das Feuer brennt wie gewohnt, der Rauch zieht komplett ab. Ich mache die Fenster zu, mit dem Rest Qualm in der Hütte muss und kann ich die Nacht leben. Morgen sieht dann alles wieder ganz anders aus.

Am nächsten Morgen stehe ich um sieben auf und mache mir erst einmal ein ordentliches Frühstück: Brot, Butter, Käse, Rührei, Kaffee. Anschließend Jacke und Schuhe an – und zum Schneemobil. Es springt sofort an und jetzt, mit frischen und allen Kräften, ist es kein Problem, das Schneemobil und den Anhänger aus dem Schneeloch zu holen und bis zum Haus zu fahren. Alles noch einmal und wieder gutgegangen – „nur" Stress und totale Erschöpfung.

Der Rest des Tages ist für mich Ruhetag – das war schon heftig gestern. Warum tue ich mir sowas an? Weil mich das lebendig macht. Die Anstrengung, manchmal die Angst. Und auch wenn ich fluchend wieder im Schnee liege und das Schneemobil zum 99. Mal aus dem Schnee wuchten muss. Das ist Leben. Mein Leben. Und genau das habe ich mir ausgesucht. Ich lasse die Fahrt noch einmal Revue passieren. Was ist passiert? Was war das Problem? Welche Fehler habe ich gemacht? Was hat mich die Taiga gelehrt?

Punkt 1: Wer bei Schneesturm ohne Schneeschuhe losgeht oder mit dem Schneemobil fährt – ist ein Idiot. Das ist dumm, leichtsinnig und muss eigentlich mit einer eisigen Nacht draußen in der Taiga bestraft werden. Und wer noch nicht einmal eine Schaufel dabeihat, der muss gleich zwei Nächte draußen verbringen!

Punkt 2: Positiv denken ist gut. Und das kann ich gut und mache es oft. Aber ich muss lernen, was gesundes Selbstvertrauen ist – und was Leichtsinn.

Punkt 3: Das Leben in der Taiga, in Sibirien ist wunderbar. Vor allem, weil du ein Höchstmaß an Freiheit hast, du musst dich nicht um andere und anderes kümmern. Aber das gilt eben auch umgekehrt: Niemand kümmert sich um dich. Und so schön das ist, wenn alles gut geht – so hart ist es, wenn du ein Problem hast. Es gab gestern nur eine Lösung, aus der Nummer lebend herauszukommen: weitermachen. Es kommt keiner und hilft dir, keiner rettet dich. Entweder du schaffst es selber – oder das war`s!

Punkt 4: Wenn du ein Problem hast, mach nicht einfach weiter, gerate nicht in Panik und Hektik. Halte an und denke nach. Such nicht nach einer schnellen Lösung, sondern nach einer sicheren. Und diesen Weg gehst du dann, Schritt für Schritt. Immer wieder anhalten, nachdenken: Bin ich hier richtig, funktioniert das, bringt das die Lösung?

Punkt 5: Die Lösung muss nicht schnell sein, sie muss nicht elegant und genial sein und elegant aussehen. Auf allen vieren, Meter für Meter durch und über den Schnee zu Hütte zu kriechen, langsam wie eine Schildkröte ist besser, als nicht zu überleben.

Punkt 6, Zusammenfassung: „Ich kann nicht mehr" funktioniert nicht in der Taiga. Du kannst das zwar denken, aber wenn du es machst, einfach im Schnee liegenbleiben, dann bist du in ein paar Stunden tot.

Mein Schneemobil ist eine Yamaha Viking; ein Modell, das seit 30 Jahren nahezu unverändert gebaut wird. Es ist in Sibirien weit verbreitet, gilt als ausgereift und zuverlässig. Allerdings ist es auch doppelt so teuer wie russische Modelle. Gekauft habe ich es 2016, nachdem ich mich zuvor sehr lange mit Schneemobilen beschäftigt und mit vielen Sibiriern darüber gesprochen habe. Vor allem die Jäger und Trapper haben mir gesagt, dass sie ihr Leben nie einem russischen Schneemobil anvertrauen würden. „Wenn du 100 Kilometer in die Taiga fährst, dann nimmst du dafür das zuverlässigste Schneemobil, das du kriegen kannst." Der Anhänger fürs Schneemobil, den ich damals gleich mitgekauft habe, ist im Prinzip nur eine große Plastikschale.

Inzwischen habe ich sechs Jahre Fahrpraxis. In normalen Fällen komme ich gut überall hin. Aber, und das ist die Tücke der Technik: Eine Maschine vermittelt dir den Eindruck, dass du gut bist, dass dir nichts passieren kann. Aber der Eindruck täuscht, denn diese Sicherheit gilt nicht in extremen Situationen. Beim Autofahren, vor allem in Deutschland, kommen diese extremen Situationen so gut wie nie vor; du kommst als Autofahrer nicht an deine Grenzen. In Sibirien schon eher, aber meistens fährst du bei Schneesturm gar nicht erst los mit dem Auto, bleibst zuhause oder wo immer du gerade bist.

Mit dem Schneemobil ist das anders, damit fährst du los, auch wenn es noch schneit oder alles tief verschneit ist; du setzt dich also bewusst einer gefährlichen Situation aus. Es gibt dann noch keine Schneemobil-Spur; rein in den Tiefschnee – und dann fährst du dich eben ganz schnell fest. Ein weiteres Problem: Wenn ich die Russen mit ihrem Schneemobil fahren sehe, dann sieht das alles so leicht aus, auch in Neuschnee, auch in Schneeverwehungen. Aber auch hier täuscht der Eindruck; es ist überhaupt nicht leicht, es ist verdammt schwer. Du musst das Schneemobil ständig ausbalancieren, in einem feinen Zusammenspiel aus Lenkerbewegungen und Gewichtsverlagerung. Du musst die Lage des Schneemobils spüren, schon die ersten Ansätze erkennen, wenn es leicht aus der Spur und aus der Höhe läuft. Du musst beim Schnee erkennen, ob er dich und das Schneemobil trägt. Wenn du einbrichst, stecken bleibst – hast du das offensichtlich falsch eingeschätzt.

Der beste Schneemobilfahrer, den ich kenne, ist Maxim, der mich bei meinem Trecker-Kauf beraten und begleitet hat. Er ist in der Taiga geboren und wenn er Schneemobil fährt, auch und vor allem über Neuschnee, scheint er zu fliegen, zu schweben; es sieht so wunderbar leicht aus. Keine ruckartigen Bewegungen von ihm, keine erkennbaren Ausbrüche des Schneemobils. Und wenn er sich tatsächlich einmal festfährt, hat er sich nach zehn Sekunden wieder frei gefahren. Ohne Schaufel, ohne Ziehen und Ruckeln. Maxim hat mir gezeigt, wie man ein festgefahrenes Schneemobil wieder aus dem Schnee kriegt: Eben nicht draufhocken und rückwärts Vollgas. Sonden absitzen, neben dem Schneemobil stehen und vorsichtig Gas geben. Dann hast du gute Chancen, dass sich das Gerät von allein frei fährt und wieder oben auf der Schneedecke steht.

Lebensgefährlich wird es, wenn du bei Dunkelheit und Schneetreiben mit dem Schneemobil unterwegs bist. Da kannst du komplett die Orientierung verlieren: Du kannst nur ein paar Meter weit sehen, danach ist nur noch eine weiße Wand. Der Scheinwerfer macht diese Schneewand noch heller und undurchsichtiger, du siehst keine Unterschiede, keine Kontraste, keine Konturen. Nur weiß. Und die Spur, die du gezogen hast, ist nach wenigen Minuten zugeschneit. Das ist allgemein bekannt. Aber, auch allgemein bekannt: Jeder sagt von sich: „Ich bin so gut, so stark und schlau – mir passiert das nicht." Ich bin da keine Ausnahme – und prompt hat es mich erwischt; gleich bei einer meiner ersten Schneemobilfahrten im Winter 2016, als Vita, Paulina und ich unseren ersten Winter, noch in der 20 Quadratmeter-Hütte, verbracht haben. Da war ich noch immer beeindruckt von der Technik, den 75 PS und ich hielt mich für unverwundbar. Ich musste nur den bekannten Weg von der Farm zum Dorfhaus fahren – was sollte da schon passieren?

Das, was schon so vielen anderen passiert ist: Ich war mir nach ein paar hundert Metern nicht mehr sicher, ob ich noch auf dem richtigen Weg war. Ich bin umgekehrt, fuhr erst hier lang, dann da lang. Alles sah überall gleich aus. Dass ich in Lebensgefahr war, habe ich erst gemerkt, als ich meine vor wenigen Minuten gezogenen Schneemobil-Spur schon nicht mehr sehen konnte, sie war schon wieder zugeschneit. Kompass dabei? Nein – das Ziel war doch gleich um die Ecke. Handy dabei? Ja. Aber wen sollte ich anrufen? Vita? Ihr sagen, dass ich nicht weiß, wo ich bin? Was hätte sie antworten, tun sollen? Die Polizei rufen und sagen: Mein Mann ist irgendwo in der Taiga?

Geholfen und gerettet hat mich der Tipp, den ich anderen so superschlau gebe, wenn sie mir von ähnlich Situationen erzählen, in denen sie gewesen sind: Innehalten, Motor, Maschine oder was auch immer:

abschalten. Zur Ruhe kommen. Und dann: denken. Nachdenken. So bin ich auf die logische Erkenntnis gekommen: Ich bin durch diese Gegend schon so oft gefahren – es muss etwas geben, das ich wiedererkenne, an dem ich mich orientieren kann. Also: Motor an, langsam fahren und Ausschau halten nach etwas, das ich kenne, an dem ich mich orientieren kann. In diesem Fall war es eine Y-Weg-Gabelung, an der ich auf meinen Fahrten ins Dorf immer vorbeikomme, ungefähr zwei Kilometer von der Hütte entfernt.

Noch eine Taiga-Winter-Geschichte – bei der aber Vita und Paulina die Hauptrolle spielen.

Vita und Paulinas Schlitten-Abenteuer

Das Schneemobil ist kaputt – mitten im Winter. Ich organisiere einen Lkw, der das Schneemobil und mich von Cheremshanka nach Abakan bringt und morgen, nach der Reparatur, das Schneemobil und mich wieder zurückfährt. Es ist ein wunderbarer Wintertag; ein blauer, wolkenloser Himmel über einer weiß glänzenden, von der Sonne beschienen Schneelandschaft; Vita will deswegen später, mit Paulina im Schlitten, vom Dorfhaus zur Farm wandern. Die beiden werden dort übernachten, ich will morgen, mit dem dann reparierten Schneemobil ebenfalls zur Farm kommen. Gegen Mittag ist der Lkw beim Dorfhaus, der Fahrer und ich wuchten das Schneemobil auf die Ladefläche, und wir fahren los.

Am Nachmittag ruft mich Vita an; sie weint, ist völlig aufgelöst. Ich kriege einen Riesenschreck, denke an einen Unfall oder ähnlich Schlimmes. Vita sagt, sie habe sich auf dem Weg zur Farm gut an einer Schnee-mobil-Spur orientieren können und in der Spur problemlos den Schlitten mit Paulina darauf schieben können. Dann aber habe ein vorbeifahrender Lkw die Spur zerstört, sie könne jetzt da nicht weiterkommen, schon gar nicht mit dem Schlitten. Sie sei jetzt ungefähr auf halbem Weg zur Farm: „Ich stehe hier mitten in der Taiga, mit Paulina auf dem Schlitten, es ist vier Uhr, die Sonne geht gleich unter, ich friere und weiß nicht, wie ich es zur Hütte schaffen soll. Was soll ich denn jetzt machen…?"

Ich bin zunächst einmal beruhigt, dass es, aus meiner Sicht, nichts Schlimmes ist. Aber natürlich leide ich mit ihr, vor allem, weil ich ihr sagen muss, dass ich ja in Abakan bin, ihr nicht helfen, sie nicht retten kann. Ich bin in der Werkstatt, das Schneemobil ist noch kaputt.

Ich versuche sie zu beruhigen, erkläre ihr mit sanften Worten, dass sie eine Entscheidung treffen muss: Entweder sie versucht weiter in der zerfurchten Spur zur Farm zu kommen. Oder sie dreht um, geht und kommt entlang ihrer Schlittenspur und vielleicht auch noch entlang einer noch vorhandenen Schneemobilspur zurück ins Dorf. Wir sprechen noch ein bisschen miteinander, dann sagt sie, dass sie weiter Richtung Hütte gehen wird. Eine Stunde später ruft sie mich wieder: Beide sind sie in der Hütte angekommen.

Eisangeln

Aufbruch zu einem echten Sibirien-Abenteuer: Eisangeln. Mit meinen Nachbarn und Freunden Aljoscha und Jenja geht es an den Tiberkul-See, ungefähr 30 Kilometer von Cheremshanka entfernt. Wir fahren mit meinem Schneemobil und meinem Anhänger, in den wir jetzt alles rein-packen, was wir brauchen: Angelausrüstungen, Lebensmittel, Klamot-ten, Schlafsäcke, unsere persönlichen Dinge und natürlich ein großer Eisbohrer. Übernachten werden wir in einer gemieteten Jurte eines Be-kannten, die direkt am See steht.

Das Schneemobil ist vollgetankt, das Gepäck gut gesichert; Jenja sitzt hinter mir auf dem Schneemobil, Aljoscha setzt sich zum Gepäck in den Anhänger. Wir haben minus 30 Grad, es weht ein nur leichter Wind, und da Eisangeln in Sibirien ein beliebtes Hobby ist, ist die Strecke von anderen Schneemobilen schon gut ausgefahren – also alles beste Vo-raussetzungen für eine schöne und problemlose Schneemobiltour.

Wir brauchen für die rund 30 Kilometer bis zum See eine gute Stunde und fahren dann noch einmal fünf Kilometer über den zugefrorenen See bis zum Dorf Tiberkul; dort haben wir eine Jurte gemietet. Früher lebten in Dorf nur Fischer und Jäger mit deren Familien, inzwischen kommen auch immer häufiger Touristen. Unsere Jurte steht 100 Meter vom See entfernt; ein rundes Zelt aus einem Holzgestänge mit dicken Stoffen rundherum. In der Mitte ein großer Eisenofen. Wir bringen unsere Kla-motten, Schlafsäcke und Lebensmittel rein – und dann geht es gleich raus aufs Eis.

Russen sind Spezialisten in Sachen Angeln und eben auch Eisangeln; es gibt überall eine Riesen-Auswahl an Angeln und Zubehör; jeder Russe stellt sich seine besondere Ausrüstung zusammen, schwört auf seine eigenen Köder, auf seine Taktik und Tipps. Da kann ich nicht mithalten; ich habe zwar als Jugendlicher schon Eisangeln gemacht, aber hier in Sibirien ist dieses erst mein viertes Eisangeln – also kein Vergleich mit Aljoscha und Jenja, die das schon seit Jahrzehnten machen.

Mit dem Schneemobil suchen wir uns einen vielversprechenden Platz auf dem See. Das Eis ist mit 30 Zentimetern zwar dick genug, aber immer wieder gibt es Risse und offene Stellen im Eis; ich fahre also langsam und wachsam, damit wir nicht einbrechen. Schließlich halten wir an und platzieren uns, jeweils zehn Meter voneinander entfernt, mit Sitz, Thermoskanne, Windschutz und den Angeln und bohren unsere Löcher ins Eis. Wir bestücken die Angeln mit Ködern, von denen wir hoffen, damit den Geschmack der Barsche unter uns zu treffen: Maden, kleine Krebse. Speck, Brotteig. Schließlich sind die Angeln im Wasser, wir setzen uns auf unsere Sitze – und dann beginnt das Hoffen auf Fische.

Es sind noch immer minus 30 Grad, wir haben alle dick gefütterte Winterkombis an. Die helfen viel gegen die Kälte, aber nach stundenlangem Sitzen merkst du schon, wie die Kälte langsam durch den Körper kriecht. Vor allem die Hände sind eiskalt, immer wieder ziehe ich die Handschuhe aus, um ins Wasser zu fassen, die Angelleine neu zu knoten, Köder aus der Schachtel zu holen und an den Haken zu stecken. Gut, dass der Tee in meiner Thermoskanne noch heiß ist. Und ich habe den Eindruck, dass sich der Körper langsam auf die Kälte einstellt, das Frieren wird weniger. Auch weil wir zwischendurch unsere Plätze wechseln, uns bewegen, neue Löcher ins Eis bohren, andere Köder probieren.

Die ersten Fische, die jeder von uns herauszieht, erregen noch das Interesse der beiden Mitangler, danach angelt und bleibt jeder von uns für sich; wir drehen nur noch kurz den Kopf, wenn wir aus den Augenwinkeln sehen, dass jemand sich bewegt und offenbar einen weiteren Fisch aufs Eis zieht.

Nach sechs Stunden machen wir Schluss. 16 Barsche sind unsere Ausbeute, alle zwischen zehn und fünfzehn Zentimeter lang. 7 davon habe ich herausgeholt, Aljoscha 6 und die 3 Barsche von Jenja bringen ihm den dritten Platz. Dafür ist er Sieger im Löcher bohren; gefühlt zehn Mal hat er die Stelle gewechselt und jeweils ein neues Loch gebohrt. Wir nehmen die Fische, inzwischen schon tiefgefroren, packen unsere Sachen zusammen und fahren in unsere Jurte. Ich kümmere mich um den Ofen, Aljoscha und Jenja kochen Nudeln mit Schweinefleisch. Um acht Uhr liegen wir in unseren Schlafsäcken, wir sind hundemüde, aber satt und zufrieden, der Ofen strahlt ordentlich Wärme aus. Ich versuche noch ein bisschen, mich an der, russischen, Unterhaltung mit meinen Mitanglern zu beteiligen, schlafe dann aber schnell ein.

„Angeln ist eine Frage der Geduld" heißt es – aber das ist nicht ganz richtig. Beim Angeln zeigt sich, ob du dir selber und deinen getroffenen Entscheidungen vertraust: Der Stelle, an der du angelst, dem Köder, den du benutzt, der Wassertiefe, in der du angelst. Wenn du bei 20 Grad plus am Wasser sitzt, fällt es dir leicht, an deinen Entscheidungen nicht zu zweifeln und erst einmal abzuwarten, geduldig zu sein. Hier, bei minus 30 Grad zweifelst du schnell an deinen Entscheidungen, verfällst in Aktionismus, nur, um irgendwas zu tun. Also auch beim und fürs Eisangeln gilt: Erst einmal durchhalten, und erst dann Dinge verändern, wenn du dir absolut sicher bist, dass das, was du bisher gemacht hast, nicht zum Ziel führt.

Kapitel 7: Bauen ist mein Ding

Baumaterial in Russland. Corona – Zeit fürs Bauen. Ich – der Allround-Handwerker. Zusammen arbeiten mit Russen. Wir bauen unser Dorfhaus aus. Wohnung in Abakan. Zukunft: Mehr Selbstversorgung.

Bauen – ist mein Ding. Meine Maurer-Lehre hat mir das deutlich gezeigt. Gestört hat mich daran nur das frühe Aufstehen und die Meckerei vom Meister und anderen. Auch mein Bau-Unternehmen hat mir Spaß gemacht, vor allem, weil ich Kunden auch beraten habe, Ideen für Bau-Projekte entwickeln konnte. Die eigentliche Maloche habe ich dann gern und leicht anderen überlassen. Sibirien, mein großes Grundstück ist für mich auch deswegen ein Traum. Ich habe eine Idee, ich mache mir Gedanken, manchmal einen Plan – und dann lege ich los. Ich probiere aus, lerne, ändere. Und am Ende ist da etwas, was vorher nicht da war. Ich habe es erschaffen, es funktioniert, erfüllt einen Zweck, löst ein Problem. Mein Werk.

Baumaterial in Russland

„Hier gibt's ja alles wie in Deutschland…" ist ein Satz, den ich oft von unseren Gästen höre, wenn ich sie vom Flughafen in Abakan, 200 Kilometer von der Farm entfernt abhole, und wir durch die Stadt fahren. Na klar gibt es hier alles, warum denn nicht? Das ist auch im Baumarkt so, in dem es genauso aussieht wie in Deutschland. Es gibt nicht nur alles, was ich brauche, sondern auch hier gibt es das in „billig und schlecht" und „teuer und gut". Ich sehe natürlich immer sofort die Unterschiede und für mich gilt: Bei Werkzeug und Material immer das Beste kaufen.

Das erspart mir nicht nur Ärger beim Bauen, wenn sich die Billig-Zange verbiegt und der Billig-Putz nicht gut an der Wand haftet, sondern es macht einfach Spaß, mit gutem Werkzeug und Material zu arbeiten.

Natürlich gibt es auch im Sibirien-Baumarkt „Schnäppchen": Obwohl ich keine Verwendung dafür habe, ist mir kürzlich ein Sonderangebot für einen sehr guten und in Deutschland richtig teuren Artikel aufgefallen: Italienische Fliesen, feinste Qualität. Die gehen in Deutschland für 60 Euro den Quadratmeter über den Ladentisch – hier in Abakan sollte der Quadratmeter nur umgerechnet 20 Euro kosten. Und das, obwohl der Lieferweg hierher länger ist. Eine mögliche Erklärung höre ich später von einem Bau-Experten: Fliesen, vor allem teure, sind in Russland kaum verbreitet, die meisten Russen machen im Bad eine einfache und billige Plastikverkleidung. Und um den Bedarf nach Fliesen zu wecken, verzichten die Hersteller auf (noch) große Gewinne und halten lieber den Preis niedrig.

Einkaufen im Baumarkt heißt für mich: Es wird eine Zwei-Tages-Reise nach Abakan, also mit Übernachtung. Für eine ganze Wagenladung voller Baumaterial ist das okay; für einen zuvor beim Einkaufen vergessenen Winkel wären die 200 Kilometer Fahrt allerdings ein ziemlicher Aufwand. Gut, dass es deswegen in Kuragino, 80 Kilometer von der Farm entfernt auch einen, allerdings erheblich kleineren Baumarkt gibt. Und: In Cheremshanka gibt es einen Lieferservice für Baumaterial: Ein Russe fährt zwei Mal pro Woche mit dem Lieferwagen nach Abakan, besorgt alles, was andere bei ihm bestellt haben und nimmt dafür 10 Prozent des Kaufpreises als Transportkosten. Typisch Sibirien: Es gibt ein Problem, jemand macht sich Gedanken dazu, kommt auf eine Lösung bietet sie kurzerhand und ohne großen Papierkram an. Und allen ist damit geholfen.

Dennoch versuche ich immer, ohne diese an sich gute Lieferservice-Idee auszukommen und alles selber zu kaufen; ich plane meine Baumarkt-Einkäufe deswegen so genau und vorausschauend, wie es nur geht. Das erfordert zwar Disziplin und kostet viel Zeit – ist aber besser, als während der Bauarbeiten zu merken, dass noch etwas fehlt. So etwas ist für mich und in meinen Augen immer ein „Fehler"; egal, ob ich die fehlenden Winkel, Schrauben oder was auch immer bestellen kann oder dafür noch einmal hin und 400 Kilometer fahren muss.

Corona – Zeit fürs Bauen

März 2020. Die Welt ist im Corona-Schock. Wir auch: Alle Buchungen, die wir für die kommenden Monate hatten, sind storniert. Und keiner weiß, ob und wann das Touristen-Geschäft weitergeht. Wir sind, auch abgesehen von dem jähen Ende unseres Gäste-Betriebs, zunächst „ziemlich neben der Spur"; auch wir haben, wie die Menschen überall auf der Welt, keine Ahnung, was Corona genau ist, ob und wie sehr es sich ausbreitet und welche Einschränkungen es noch geben wird.

Schließlich erkenne ich im Schlechten das Gute: Jetzt ist die Zeit, um unser Haus komplett zu renovieren und zu modernisieren. Bis auf die Außenwände und einige Innenwände will ich alles neu machen und später, sozusagen in einer zweiten Ausbau-Phase, noch einen Anbau machen und auf das Erdgeschoss einen ersten Stock setzen. Dieses Obergeschoss soll Vitas Wohn- und Lebensbereich werden; Platz genug, um hier mit ihren Freundinnen zu sitzen, zu schwatzen oder, vor allem im Winter, gemeinsam zu nähen. In den Anbau wollen wir eine neue Küche einbauen, eine Sauna und die Treppe nach oben. Klingt kompliziert, teuer, riskant und nach einem Jahresprojekt. Ist und wird es aber nicht – denn das ist genau das, womit ich als Maurermeister und Bauunternehmer in Deutschland mein Geld verdient habe. Und genau das war und ist ja mein Plan für Sibirien. Machen, was ich kann und will: bauen.

So ein aufwändiges Bauprojekt beginnt, wie immer, mit einem Plan. Vita ist die Chefin. Sie macht erste Zeichnungen, sagt, was sie sich wünscht, und gemeinsam besprechen wir, was davon wie machbar ist. Anhand der Skizzen gehen wir den geplanten Ausbau durch, die Wege und Räume im neuen Obergeschoss und im Anbau; merken, wo es möglicherweise hakt, was umständlich oder unbequem sein könnte. Wir ändern die Skizzen entsprechend, und ich fertige dann die genauen Bauzeichnungen mit allen Maßen an, berechne das notwendige Material. Fertig; jetzt kann es losgehen mit Phase 1: im Erdgeschoss. Ich plane für die nächsten Tage den Materialeinkauf in Abakan, mache eine ungewöhnlich lange Einkaufsliste, gehe dann in Gedanken alles noch einmal durch.

Es ist unter null Grad, die Straße nach Abakan noch gefroren; ich rausche mit dem Tundra über den Asphalt. Im Baumarkt hake ich meine lange Einkaufsliste sorgfältig ab; was verfügbar und transportierbar ist, kaufe ich sofort, die großen Teile bestelle ich zur Anlieferung. Alles, was anschließend auf meiner Liste noch nicht abgehakt ist, muss ich anderswo besorgen.

Ich bin zurück am Dorfhaus, habe alles Material beisammen. Aber ein Problem müssen wir noch lösen, bevor ich loslegen kann: Ich will ja das Haus von Grund auf renovieren und muss es dafür erst einmal entkernen; wir müssen also vorübergehend ausziehen; ich schätze, für ungefähr zwei Monate. Unterschlupf finden wir bei dem älteren Nachbar-Ehepaar, Ludmilla und Valera, die ja für Paulina inzwischen auch schon

„Oma und Opa" sind. Sie überlassen uns eines ihrer Zimmer, das sie selber nur selten brauchen, und wir ziehen dort ein.

Aber schon nach drei Tagen funktioniert das für mich nicht mehr. Ich muss auf der Baustelle wohnen. Und morgens um sechs anfangen. Ich wechsle zurück ins Dorfhaus in unser, jetzt ehemaliges, Schlafzimmer, da steht noch ein Teil der alten Wände. Aber diese Lösung gefällt mir auch nicht, Staub und anderer Dreck während der Bauarbeiten rieseln in mein Bett. So ziehe ich ins Nebengebäude, ein uraltes Blockhaus; stelle dort das Bett rein, besorge mir einen Wasserkocher, hänge an die Bretterwände ein paar Vorhänge, damit der Wind nicht allzu schlimm durch die Ritzen pfeift. Das passt – jetzt kann ich richtig und gut arbeiten.

Nach sechs Wochen ist alles soweit fertig, dass wir wieder einziehen und wohnen können, auch wenn das Haus noch weiterhin eine Baustelle ist. Erst im September, fünf Monate nach Baubeginn, ist alles fertig. Aber Arbeit und Warten haben sich gelohnt: Alles ist neu. Und wir haben jetzt auch ein schönes, modernes Badezimmer und ein „echtes" Klo mit Wasserspülung. Und im Wohnzimmer einen Kamin.

Ich – der Allround-Handwerker

Weil ich ohnehin gern allein arbeite und nicht auf Hilfe anderer angewiesen sein will, habe ich mich im Laufe meiner Berufsjahre schon von Anfang zu einem Allround-Handwerker entwickelt. Fenster einbauen, Beton gießen, den Dachstuhl des Schuppens neu bauen – alles selber gemacht, und das sicher mindestens so gut, wie es mir ein russischer Handwerker gebaut hätte. Dieses Wissen und Können kommt mir jetzt in Sibirien natürlich sehr zugute; hier musst du alles können. Und zunehmend traue ich mich auch an Arbeiten ran, die nicht so einfach sind: Wasserleitungen installieren, elektrische Kabel verlegen, Schalter einbauen und alles anschließen. Bislang ist immer alles gut gegangen, sicher auch deswegen, weil ich mir vor jeder für mich neuen Arbeit auf youtube die entsprechenden Do it yourself-Filme anschaue. Und wenn man erst einmal die Zusammenhänge eines Gewerkes erkennt, stellt man fest: alles kein Hexenwerk – das kann ich auch.

Mein neuester Handwerk-Versuch ist schweißen. Wieder habe ich mich erst im Internet schlau gemacht, mich mit Schweißern hier in der Region unterhalten und mir dann ein Elektro-Schweißgerät gekauft. Und nach ersten Versuchen mit alten Eisenträgern und -Platten, habe ich meinen Trecker-Anhänger geschweißt; ein abgebrochenes Scharnier hatte mich schon lange geärgert. Jetzt ist es repariert und das auch noch von mir. Auch wenn hier und da die Schweißnaht nicht ganz sauber ist – ich bin zufrieden mit mir. Und stolz auf mich. Und freue mich, dass ich ab sofort auch Metallreparaturen so angehen kann, wie ich es am liebsten mache: allein. Und damit gut.

Fürs Bauen bringe ich natürlich beste Voraussetzungen mit: Meine solide Maurer-Lehre, meine Zeit als Maurer-Geselle, meine anschließende Meister-Prüfung und dann meine jahrelangen Erfahrungen; erst als Maurermeister, dann auch als Bauunternehmer. Ich gestehe mir deswegen den arrogant klingenden Satz zu: Was Bauen angeht – macht mir niemand was vor. Und natürlich habe ich sowohl in meiner Ausbildung als auch als Bauunternehmer viel über die anderen Gewerke gelernt; allein schon dadurch, dass ich mir aus den vielen Angeboten für einzelne Gewerke, das für meinen jeweiligen Bau passende heraussuchen musste. Für mich, für Sibirien reicht das auf alle Fälle, und es ist letztendlich ja auch ein Schritt in Richtung Selbstversorgung. Mein Ziel.

Zusammen arbeiten mit Russen

Abgesehen von dem Ausländer-Zuschlag, den ich, früher mehr, jetzt seltener, zahlen muss, behandeln mich die Russen nicht anders als ihre Landsleute; in der Regel sind sie nett, freundlich und hilfsbereit. Wie auch in Deutschland gilt: Auf dem Land, im Dorf sind die Menschen entspannter und entgegenkommender als in der Stadt. Und ebenso gilt: Wenn du versuchst, wenigstens ein paar Sätze russisch zu sprechen, nehmen sie das als Wertschätzung und werden dir gegenüber offener.

Wenn es ab und an Probleme zwischen mir und den Russen gibt, dann liegt das an der unterschiedlichen Mentalität von Deutschen und Russen: Wir sind effektiv, rational, sind mehr an der Sache interessiert. Russen, Sibirier besonders, interessieren sich weniger für die Sache als für den Menschen; sie wollen sich austauschen, sich wohl fühlen und während eines Gesprächs, einer Zusammenarbeit oder eines anderen sozialen Kontaktes eine gute Zeit haben.

Sich mehr für die Menschen als für die Sache zu interessieren, klingt ja nett und sympathisch, bedeutet aber, dass ich mich nicht darauf verlassen kann, dass Helfer, die für eine Arbeit zugesagt haben, dann auch kommen. Entweder kommen sie gar nicht, sie kommen zu spät oder sie bleiben nur für ein paar Stunden. Mal sagen sie vorher gar nicht ab, mal begründen sie, weshalb sie nicht kommen können: Es passt nun doch nicht. Oder: Heute ist so gutes Wetter zum Angeln. Oder sie haben die letzten Tage schon gearbeitet und brauchen jetzt erst mal keinen Job und kein Geld. Und, was mich immer wieder erstaunt: Die gleichen Helfer, die mich heute versetzt haben, melden sich in den nächsten Tagen bei mir und fragen, ob sie mir helfen können, ob sie sich bei mir ein paar Rubel verdienen können. Sie haben also weder ein schlechtes Gewissen, dass sie mich versetzt haben, noch kommen sie auf die Idee, dass ich mich über sie geärgert habe.

Besonders in der Anfangszeit hatte ich dafür überhaupt kein Verständnis; habe Stunden gewartet, tagelang geflucht. Ich erinnere mich an einen der ersten Arbeitseinsätze mit Helfern; 2016:

Das Blechdach der Lehmhütte muss erneuert werden; große Wellblechplatten, nicht besonders schwer, aber eben sehr unhandlich. Eine Woche vorher hatte ich in der Nachbarschaft angefragt, wer mir bei der Arbeit helfen könnte. Vier Männer hatten zugesagt. Am vereinbarten Arbeitstag, zur vereinbarten Uhrzeit, war einer von ihnen da; ein zweiter kam eine Stunde später und ging dann eine Stunde vor Arbeitsende. Die beiden anderen Helfer kamen gar nicht und meldeten sich auch nicht. Ich war natürlich stinksauer und habe dann versucht, das Problem klassisch deutsch zu lösen, mit Logik und Vorgaben. Herausgekommen war ein 3-Schritte-Ablauf für die zukünftige Zusammenarbeit mit russischen Helfern. Alles logisch, technisch, verständlich, exakt – und, im Nachhinein betrachtet, für Sibirien kompletter Blödsinn.

============================

MEIN EINSATZPLAN FÜR RUSSISCHE HELFER (2016)

Wenn ich mit Helfern arbeiten will, plane ich die Arbeiten genau.

Schritt 1: Zeitplan. Ich schaue mir an, was an diesem Tag zu machen und zu schaffen ist. Und verteile diese Arbeiten dann auf zwei Tage – in der Hoffnung, damit dem russischen Arbeitspensum zu entsprechen. Arbeitsbeginn 9 Uhr, alle zwei Stunden Kaffee und Süßigkeiten, 13 Uhr gemeinsames Mittagessen, 14 Uhr weiterarbeiten, spätestens 16 Uhr Feierabend.

Schritt 2: Kontakt aufnehmen und halten. Eine Woche vor dem Arbeitseinsatz bei möglichen Helfern anfragen. Wer zusagt, den rufe ich alle zwei Tage an und erinnere ihn an den Termin. Am vereinbarten Tag rufe ich ihn noch einmal morgens an und sage ihm, dass wir um 9 Uhr anfangen wollen.

Schritt 3: Anweisungen geben. Ich gebe einen Überblick über die Arbeiten, höchstens drei Sätze. Dann bestimme ich, wer welche Arbeit macht. Vor jedem Arbeitsschritt sage ich dann noch einmal ganz genau, was wie zu machen ist.

==============================

Ich war ziemlich stolz auf meine „Lösung des Problems" und habe sie Vita gezeigt. Sie hat nur einmal auf meinen akribisch ausgearbeiteten Plan geschaut und gesagt: „Würdest du mit jemandem zusammenarbeiten, mit ihm einen Tag verbringen wollen, der dir in allen Details vorschreibt, was du wie, wann und wie lange zu machen hast? Du benimmst dich wie ein verbissener Chef, der seine Mitarbeiter behandelt wie Idioten." Da ist es mir wie die sprichwörtlichen Schuppen von den Augen gefallen, wie Recht sie hat. Nicht die Mentalität der Russen ist das Problem, sondern ich – denn ich akzeptiere nicht, dass ich in Sibirien bin.

Mit dieser Erkenntnis im Kopf versuche ich seitdem, bei gemeinsamen Arbeiten, russische Mentalität und deutsche Zielstrebigkeit unter einen Hut zu kriegen und beides geduldig miteinander zu mischen. Nicht immer, aber immer öfter funktioniert das: Die gemeinsame Arbeit macht Spaß, alles ist entspannter und entspannender, niemand macht Stress, niemand hat die Uhr im Blick – und trotzdem, oder vielleicht deswegen, erreichen wir meistens unser Arbeitsziel, wenn auch wesentlich später als von mir am Anfang meiner Planung erwartet.

Die Russen sehen ihre Mitarbeit nicht als Job, für den sie bezahlt werden, sondern als gegenseitige Hilfe: „Du schaffst etwas nicht allein? Kein Problem, wir kommen und helfen dir." Dass sie am Ende des Tages Geld bekommen, ist nebensächlich; man braucht halt Geld, um nicht zu verhungern. Es gibt vorab auch keine schriftliche Auftragsbestätigung, keinen Auftrag; wir vereinbaren einen Preis, und den zahle ich am Ende des Arbeitstages bar auf Hand. Es wird auch über den Preis nicht groß verhandelt, nicht um jeden Rubel gefeilscht. Wichtig ist, dass wir gemeinsam etwas schaffen und uns dabei wohl fühlen, dass wir einen guten Tag haben, an dessen Ende wir alle zufrieden sind. Ob es pro Helfer 30 Euro sind oder 35 – das ist doch völlig unwichtig.

So fremd und unverständlich mir diese Gedanken, die Mentalität zu Anfang waren – inzwischen lasse auch ich immer mehr los: vom Zwang, effektiv zu arbeiten, Leistung zu erbringen, Zeiten einzuhalten. Ich erkenne, dass ich durch die gemeinsame Zusammenarbeit etwas lerne, womit ich mich früher sehr schwer getan habe: Gelassenheit; eine Eigenschaft, die ich inzwischen als eine der wichtigsten Voraussetzungen für ein zufriedenes und manchmal auch glückliches Leben (und Arbeiten) erkannt habe.

Handwerker in Russland

Die russische Mentalität ist eine Sache, mit der ich inzwischen bei gemeinsamen Arbeiten mit Helfern leben kann. Schwierig wird es, wenn ich jemanden brauche und buche, der wirklich Ahnung haben soll von dem was er macht: einen Handwerker. Auch da habe ich Jahre gebraucht, um zu erkennen, dass meine deutschen Erwartungen an einen sibirischen Handwerker zu hoch sind:

2018 wollte ich eine Garage bauen. Notfalls kann ich sowas auch n allein machen, aber beim Betonieren ist es angenehmer, das zu zweit zu machen. Ich habe also ein bisschen herumgefragt, wer einen guten Handwerker kennt, der mir beim Betonieren des Fundaments helfen kann. Und von den vielen Empfehlungen, habe ich mir die beste herausgesucht. Ich habe den Mann angerufen, ihm erzählt was ich will, und er hat zugesagt, mir dabei zu helfen.

Eine Woche später haben wir dann angefangen. Und es ging schon gleich gut los: Statt um acht Uhr, wie besprochen, kam er um zehn Uhr. Und anstatt sich dafür zu entschuldigen oder wenigstens ein bisschen reumütig zu sein, erklärte er mir chefmäßig, wie man richtig betoniert. Aber zum einen waren seine Vorschläge Blödsinn, zum anderen brauche ich niemanden, der mir sagt, wie es geht. Aber mir zu helfen – darauf hatte er erkennbar überhaupt keine Lust. Womöglich auch noch nach meinen Anweisungen arbeiten…

Nach zwei Stunden habe ich mein höfliches Russisch zusammengekratzt und ihm in netten Worten gesagt, dass ich lieber ohne ihn weitermachen will. Zu meiner Überraschung schien ihn meine Entscheidung nicht zu verwundern, er murmelte ein kleines okay und sagte Dos widanja; bis zum nächsten Mal – was es natürlich nie geben wird.

Ein Handwerk lernt man in Russland nicht in einer dreijährigen Lehre, mit Berufsschule, mit Prüfung, anschließender Gesellenzeit und dann oft auch noch, als Beweis des Könnens, der Meisterprüfung. Sondern, zumindest auf dem Land, lernen die Kinder alles, was es zu tun und zu bauen gibt, zuhause, in der Nachbarschaft. Es ist völlig normal, dass 12-Jährige mit der Kettensäge Brennholz schneiden und mit der Axt spalten; mit 15 Jahren können sie dann ein Haus bauen oder wissen zumindest genau, wie das geht. Dementsprechend bezeichnet sich in Sibirien jeder, der schon mal ein paar Nägel in dicke Balken geschlagen oder ein elektrisches Kabel verlegt und angeschlossen hat, als Handwerker oder, noch besser, gleich als Maurer, Tischler, Elektriker oder Dachdecker.

Diese „Handwerker" bauen in der Regel spontan drauflos, ohne viel Wissen und ohne aufwendige Planung – das ist „doch nur Zeitverschwendung..." Wenn etwas nicht funktioniert, fängt man eben wieder von vorn an oder probiert eine andere Technik.

Das hat eine gewisse Leichtigkeit und bringt vielleicht auch Lebensqualität mit sich – ist allerdings auch gefährlich: Nicht nur bei uns in der Region, sondern überall in Sibirien brennen immer wieder Häuser ab, weil die elektrischen Leitungen nicht richtig, nicht fachgerecht, nicht professionell verlegt worden sind. Ich habe auf einer Baustelle miterlebt, wie der „Elektriker" von einem vorhandenen Kabel drei weitere abgezweigt und damit drei weitere elektrische Geräte angeschlossen hat. Auf meine vorsichtige Frage, ob Leitung und Sicherung denn auf die Mehrbelastung ausgelegt seien, meinte er, durchaus freundlich: „Das ist russische Technik, die hält und funktioniert immer." Standard ist es auch, zwei Kabel mit Lüsterklemmen zu verbinden – und wenn Lüsterklemmen gerade alle sind, geht auch Isolierband. Aber natürlich nur russisches…

Natürlich gibt es gute und sehr gute Handwerker in Russland. In der Nähe von Cheremshanka gibt es zum Beispiel einige Blockhaus-Firmen. Deren Mitarbeiter sind Spezialisten, sie sind festangestellt, arbeiten sechs Tage die Woche, aber mit drei Monaten Winterpause, denn dann ist es einfach zu kalt, um in den Werkhallen zu produzieren. Sie bekommen pro Monat umgerechnet zwischen 1.000 bis 1.500 Euro – das ist hier auf dem Land ein sehr guter Verdienst. Auch ich habe einigen guten Helfern schon angeboten, sie fest anzustellen, für gutes Geld. Aber keiner von ihnen hatte Interesse.

Wir bauen unser Dorfhaus aus

Die Corona-Zeit haben wir genutzt, um unser Dorfhaus zu renovieren. Jetzt, ein Jahr später, im Frühjahr 2021, steht die zweite Bauphase im Dorfhaus an: Ein Anbau und eine Erweiterung im Dachgeschoss. Die Pläne haben Vita und ich schon im letzten Jahr gemacht.

Ich erstelle noch einen Zeitplan, natürlich nur grob, denn wie immer bei Bauarbeiten im Freien, kann das sibirische Wetter einen dicken Strich durch alle Planungen machen: Im April können wir schon sonnige 20 Grad haben – oder Schneetreiben. Oder beides an zwei aufeinanderfolgenden April-Tagen. Aber damit kann ich gut leben, zumal ich während meiner Planung wieder einmal mein Sibirien-Glück genieße: Ich kann mein Ding machen, muss niemanden fragen, niemanden um Mithilfe bitten. Ich muss nirgendwo meine Pläne einreichen und genehmigen lassen, brauche keinen Architekten, keinen Statiker, keinen Handwerker. Ich lebe meinen Traum: Ich kann machen, was ich will und wie ich es will! Wenn es Arbeiten gibt, für die ich helfende Hände brauche, dann mache ich das mit kurzfristig angeheuerten Hilfsarbeitern – und mit meiner inzwischen gelernten sibirischen Gelassenheit.

Die Schreibtisch-Arbeit ist erledigt und es geht ans Material bestellen und einkaufen: Sägewerk, Schlosser, Baumarkt. Beim Sägewerk und in der Schlosserei bin ich nicht nur schon Stammkunde, sondern auch gern gesehen: Ich weiß genau, was ich brauche, meine Bestellungen sind immer schnell und exakt aufgenommen. Das hat mit dazu beigetragen, dass ich inzwischen kaum noch einen „Ausländer-Aufschlag" bezahlen muss – Fachleute unter sich schätzen sich eben. Alles, was ich bestelle, wird später direkt zum Dorfhaus geliefert – manchmal sogar in der Woche, für die ich es bestellt habe…

Wohnung in Abakan

Ich habe eine Wohnung in Abakan gekauft. Eine Stadtwohnung wollte ich schon lange haben. Aus ganz vielen Gründen. Ich kann dort schlafen, wenn ich am nächsten Tag Gäste vom Flughafen abhole. Ich kann mit den Gästen einen Tag vor deren Abflug dort übernachten. Damit entfällt der Stress, dass wir Termine in Abakan nicht schaffen, weil die Straße vereist oder gesperrt ist, oder wir mit dem Auto eine Panne haben. Und: Vita und ich sind ja zur Abwechslung immer gern mal in Abakan. Für ein Wochenende. Oder auch mal eine Woche. Jetzt müssen wir nicht mehr im Hotel übernachten, sondern haben ein eigenes Zuhause.

Die Wohnung war günstig. Solider Altbau. Das heißt, alles ist noch „richtig" gebaut, in den 70er Jahren und es nicht einer dieser Pfusch-Bauten der letzten Jahre. 50 Zentimeter dicke Außenwände, Ziegel, gemauert, das ist ein gutes Wohnklima und eine gute Isolierung. Vier Stockwerke mit acht Wohnungen. Rundherum ein Park, also ein schöner Blick ins Grüne und ruhig; Und trotzdem in der Innenstadt, alles ist zu Fuß erreichbar. Die Wohnung ist rund 70 Quadratmeter groß – und Dach, Wasser, Abwasser sind schon erneuert worden. Und sie hat auch schon Doppelfenster. Und eine Zentralheizung – die auch erst vor kurzem eingebaut und die alten Holzöfen in den Wohnungen ersetzt hat. Ein warmes Zuhause, ohne selbst heizen zu müssen. Das ist der pure Luxus.

Aber es ist, natürlich, eine alte Wohnung. Die Innenwände sind krumm und schief. Blümchentapeten. Küche und Bad sind zwar sauber, aber alles stammt aus den 70er Jahren. Es wird eine Menge Arbeit sein, daraus eine moderne und schicke Stadtwohnung zu machen. Kein Problem für mich – den Maurermeister. In den nächsten Wochen werde ich die Wohnung noch einmal genau checken und dann einen Plan machen, was ich wann, wie und eventuell mit wem machen werde. Zwei Dinge weiß ich jetzt schon: Die Abriss-Arbeiten lasse ich machen, ebenso die Elektrik und das Spachteln und Streichen der neuen Wände. Den Rest will ich selber machen: Trockenbau-Wände, Fliesen legen, Wasserrohre erneuen und Bad und Küche machen, neue Fußböden.

Ein Wohnungs-Nachbar empfiehlt mir für die groben Arbeiten einen Handwerker, der schon in diesem Haus gearbeitet hat. Wir treffen uns, er macht den Eindruck, dass er zu den wirklichen Handwerkern gehört und Ahnung hat von den anstehenden Arbeiten. Und er hat auch ein Team von drei Leuten, die mitanpacken. Wir werden uns über Arbeiten und Preis einig, ein paar Tage später legen sie los: Die Wände des Badezimmers und eine Zimmerwand rausreißen, die alten Türen raus, die Tapeten runter, alle Fußböden raus. Auch wenn sie länger gebraucht haben als abgemacht: Das meiste haben sie gut gemacht, kleinere Mängel arbeiten sie in den nächsten Tagen noch nach.

Ich besorge das Material, das ich für meine Arbeiten jetzt brauche: Gipskartonplatten, Kantholz und Latten für die Wandkonstruktion, eine Menge Säcke für Zement für den Fußboden, Fliesen und Kleber, eine

Badewanne, eine Toilette, ein Waschbecken, Farbe, Spachtelmasse, Schrauben Dübel. Mit zwei Helfern schleppen wir alles die Wohnung hoch, in den dritten Stock.

Eigentlich wollte ich die Sanitär-Arbeiten allein machen, aber zufällig habe ich wieder Kontakt mit einem Deutschen, der vor einiger Zeit unser Gast war und auf der Farm mit Freunden seinen 60. Geburtstag gefeiert hat. Er ist Sanitär-Meister, hat sich während seines Aufenthalts bei uns in eine Russin verliebt und lebt jetzt in Krasnojarks, 800 Kilometer entfernt. Ich erzähle ihm von der Wohnung und er bietet spontan an, mir zu helfen. Da sage ich gern zu, und innerhalb von drei Tagen haben wir in der Wohnung alle Wasserrohre erneuert und die Installation von Toilette, Wanne und Waschbecken vorbereitet.

Ich arbeite allein weiter, mache jetzt den Trockenbau, stelle neue Wände und spachtele sie. Ein Elektriker verlegt die neuen Kabel und schließt alles an und das macht er sauber, gut und schnell. Auch die Putzarbeiten habe ich vergeben – an eine Russin. Dass nicht Männer, sondern vor allem Frauen verputzen, ist in Russland nicht ungewöhnlich; zum einen machen sie den Job besser als Männer und vor allem sind sie viel zuverlässiger. Die Handwerkerin wird deswegen auch die Wände streichen.

Die ursprüngliche Aufteilung der Wohnung hatte mir nicht gefallen. Ich habe die neuen Innenwände deswegen an anderen Stellen eingebaut als die bisherigen, und dadurch hat die Wohnung jetzt statt der bisher drei ungefähr gleich großen Zimmer, zwei kleine Schlafzimmer und dafür ein großes Wohnzimmer. Die Küche habe ich entkernt, neu gefliest und dann eine schöne Einbauküche montiert, und auch das Bad ist komplett neu: Fliesen, Sanitär, Wasserhähne und Dusch-Armaturen.

Durch die Renovierung der Wohnung habe ich nach vielen Jahren mal wieder ganz normale „deutsche" Arbeitswochen gehabt: Eine Wohnung in der Stadt, normaler Handwerker-Job, zehn-Stunden-Tag, Feierabend, Essen, drei Bier, schlafen gehen. Und am nächsten Morgen um sechs geht alles von vorne los. Eine Woche. Montag bis Freitag. War mal was Anderes – und ich fand es gar nicht schlecht. Alles vorhersehbar; morgens wusste ich, wie weit ich bis zum Abend kommen würde, konnte am Montag sagen, was ich bis Freitagnachmittag geschafft habe. Egal, wie das Wetter war, der Wind, die Temperatur.

Im August 2022 ist die Wohnung fast fertig. Nach den Handwerksarbeiten in den letzten Monaten ist jetzt vor allem Vita gefragt – mit der Einrichtung von Küche und Bad, mit der Auswahl der vielen Kleinigkeiten, die aus einer Wohnung ein Zuhause machen. Meine Arbeit besteht darin, mich um die Anlieferung und den Transport der großen Teile zu kümmern: Die restlichen Küchenschränke, vier Stühle für die Küche, Badezimmer-Regale, Betten, Kleiderschränke, Wohnzimmer-Möbel. Wenn alles klappt, werden wir im September „einziehen" und hier ein erstes Wochenende verbringen. Später können wir mit Gästen vor deren Rückflug-Tag übernachten – Abschiedsabend inklusive. Die viele Arbeit hat sich also gelohnt; die Wohnung macht mein und unser Leben wieder ein bisschen einfacher und schöner. Und im Wert gestiegen ist sie durch die Renovierung natürlich auch.

Die Wohnung in Abakan ist fertig. Und unser Dorfhaus auch, beide Etagen. Auf der Farm stehen mehrere Gästehütten. Und ein Blockhaus für mich und für uns. Was für ein Luxus.

Ich denke zurück an mein erstes Bauprojekt hier in Sibirien, das ja damals für mich etwas Besonderes war. Nicht weil es groß oder kompliziert war. Sondern weil ich es so gebaut habe, wie Menschen über Jahrhunderte gebaut haben. Mit der Hand und mit nur einfachen Werkzeugen: Die Küche für die Hütte.

Und auch an ein anderes Hand-Werk, das ich ein Jahr später, 2016, gebaut habe, denke ich immer gern zurück: Unser Doppelbett, 180 mal 2 Meter groß. Passend zur übrigen Handarbeit haben Vita und ich damals in die Kopfteile, große Fichtenbretter, geduldig schöne Schnitzereien eingearbeitet; Blumen, Ornamente, Wolken. Das Bett gibt es noch heute, und immer, wenn ich die Verzierungen sehe, denke ich an diese unsere Anfangszeit in Sibirien.

Inzwischen baue ich natürlich ganz normal, so wie alle und so, wie es heutzutage üblich ist – was ja, im Vergleich zur Hütten-Küche, der totale Luxus ist: Mit dem Auto zum Baumarkt fahren, alles kaufen, was ich haben will, alles zur Baustelle fahren und mit vielen Geräten und bestem Material bauen.

Wieder einmal erkenne ich, dass wir den Wert und den Komfort unseres Lebens nur dann erkennen und schätzen, wenn wir auch ab und zu den Mangel erleben. Eine Erkenntnis, die ja nicht nur fürs Bauen gilt, sondern auch alles andere, was wir völlig unbedacht und völlig selbstverständlich benutzen und verbrauchen. Wasser zum Beispiel. Auch ich habe mich früher nicht genau dafür interessiert, woher unser Trinkwasser kommt, habe nicht darüber nachgedacht, dass es endlich ist und damit kostbar. Diese Selbstverständlichkeit, auch der Gedanke, ein Anspruch auf Wasser zu haben verschwand völlig, als ich das erste Mal Wasser aus dem Fluss geholt habe. Mit dem Kanister. Mühsam. Und ab dann jeden Tag. Bei plus 30 Grad und auch bei minus 30 Grad.

Die Arbeit des Wasserholens führt zu einem neuen Verhältnis zu Wasser: Wenn du jeden Liter Wasser schleppen musst – gehst du sparsam damit um. Das ist das erste, was du über Nachhaltigkeit lernst. Und das gilt ja nicht nur fürs Wasser: Alles, was du einfach und bequem bekommen und nutzen kannst – führt zu hohem Verbrauch. Und damit zu Verschwendung. Weil wir dann alles als selbstverständlich hinnehmen. Die Lösung: Achtsamer leben. Mit und bei allem, was wir im Laden, im Baumarkt und überall so einfach und scheinbar endlos kaufen und verbrauchen können. Das würde unser Leben bereichern. Und die Natur schonen. Wir können nicht gegen und ohne die Natur leben, wir leben alle auf EINER Erde. Alles, was wir der Natur antun, wird irgendwann auch uns schaden.

Zukunft: Mehr Selbstversorgung

Ein Grund, weshalb ich überhaupt ausgewandert bin: Ich will unabhängig sein, mich selber versorgen. Das funktioniert durch den großen Garten am Dorfhaus schon gut, aber die Anbaufläche reicht noch nicht, die wollte ich immer schon ausbauen – im wahrsten Sinne des Wortes: Ich will noch zwei große Gewächshäuser auf der Farm bauen, jedes drei mal sechs Meter groß, aus Glas, oder auch Plexiglas. Schon vor langer Zeit habe ich dazu mal ein paar Zeichnungen gemacht und eine Materialliste erstellt. Natürlich gibt es auch für so große Gewächshäuser Bausätze, aber die sind erstens teurer, als wenn ich das komplett allein baue, und zweitens kann ich sicher sein, dass meine Häuser gut werden.

Auf die Arbeit, egal, wann ich sie tatsächlich angehen werde, freue ich mich, ich gehe davon aus, dass sie nicht kompliziert ist. Allerdings wird es ziemlich anstrengend sein, das Fundament für die späteren Wände zu erstellen: zehn Zentimeter breit, 50 Zentimeter tief – und das bei einer Gesamtlänge von 80 Metern. Das geht nur mit Helfern. Mit denen werde ich auch den Beton mischen und dann die Fundamente gießen. Darauf kommen zehn mal zehn Kanthölzer darauf, auf die ich eine Holzkonstruktion baue. Die meisten Fenster baue ich fest ein, nur einige müssen sich öffnen lassen, um das Gewächshaus zu lüften und zu entfeuchten. Berücksichtigen muss ich die erhebliche Schneelast; das Dach baue ich also höher bei einem normalen Gewächshaus, damit die Dachschräge steiler wird und der Schnee nicht auf dem Dach liegen bleibt, sondern schnell herunterrutscht. Ich habe in diesem und auch in den letzten Wintern einige Gewächshäuser hier gesehen, bei denen das Dach zu flach war – und beim ersten Schnee zusammengebrochen ist.

Bei dem Material bin ich noch nicht entschieden: entweder Glas, das aber sehr fest sein muss, ohne zu dick und damit zu schwer zu sein. Oder ich entscheide mich für die Doppelstegplatten aus Polycarbonat, so wie es sie auch hier in jedem Baumarkt gibt

Mit den neuen Gewächshäusern auf der Farm will ich so viel Gemüse anbauen und ernten, dass es reichlich fürs ganze Jahr reicht. Auch die Pflanzen für diese Gewächshäuser werden wir vorziehen und dann im Mai ins Gewächshaus umpflanzen. Bei den langen und sonnigen Tagen in Sibirien wächst alles viel schneller als in Deutschland. Das liegt auch daran, dass es hier immer eine hohe Grundfeuchtigkeit gibt in der Erde, der Boden trocknet nie aus und auch das beschleunigt das Wachstum der Pflanzen. Fast kann man zusehen, wie das Gemüse hier wächst. Und so wird, hoffentlich bald, aus unserer bislang nur so genannten „Farm" eine wirkliche Farm.

Kapitel 8: Auswandern nach Russland?

Mein „persönliches Russland". Geld und Kosten. Arbeit und Löhne. Wohnen. Geschäftsleben. Steuern. Medizinische Versorgung. Handynetz. Auswandern nach Sibirien. Papierkram. Die häufigsten Fragen. Meine ganz persönlichen Auswander-Tipps.

Mein „persönliches" Russland

Auch dieses Kapitel ist ein sehr persönliches Kapitel. Denn auch in diesen Texten schreibe ich, was ICH in Sibirien sehe, höre erlebe, denke – und baue mir daraus „meine" Wirklichkeit zusammen. Es ist also sehr gut möglich, dass andere Menschen, auch andere Deutsche, die in Sibirien leben, die nachfolgenden Punkte ganz anders schreiben würden.

Aufgebaut habe ich diesen Text aus der Sicht von euch Lesern; von „Mich interessiert Sibirien" über „Ich will unbedingt mal nach Sibirien" bis hin zu „Ich will auch nach Sibirien auswandern". Ich beginne deswegen mit eher allgemeinen Infos über Russland und Sibirien, schreibe dann etwas ausführlicher über Geld, Preise, Jobs und Löhne und gehe am Ende auf die Fragen aller Auswandererwilligen ein.

„Meine" erste Wirklichkeit mag enttäuschend klingen – für die, die noch nie in Russland und Sibirien waren und die vielleicht deswegen noch eine sehr romantische Vorstellung davon haben und die Exotik und Ursprünglichkeit schon ab dem Flughafen erwarten. Aber: Auch in Sibirien haben wir das Jahr 2022. Es gibt Städte, in denen die Staus zum Feierabend genauso lang sind wie in Deutschland; Einkaufzentren, in

166

denen es das gleiche zu kaufen gibt, wie in München, Berlin und Hamburg; es gibt Hochhäuser, in denen die Menschen genauso beengt leben und arbeiten, wie in den Städten überall auf der Welt.

Also, meine erste Russland-Info in einem Satz: In Russland, in Sibirien ist das Leben zunächst einmal genauso wie in Deutschland. Es gibt alles, es gibt alles zu kaufen, und es kostet alles ungefähr so viel in Deutschland. Ich schreibe und übertreibe das deswegen so, weil ich es immer wieder erlebe, dass Gäste und vor allem auch angehende Auswanderer erstaunt und enttäuscht sind darüber, „dass das hier ja alles genauso ist und auch genauso viel kostet wie in Deutschland." Mein Tipp: Wenn du nach Russland, nach Sibirien kommst, erwarte keinen roten Teppich, kein Billig-Land, keine Geschenke. Sei offen für alles – nur dann findest du heraus, ob du und Sibirien zueinander passen.

Geld und Kosten

Auch hier gibt es keine großen Unterschiede und Überraschungen. Lebensmittel sind ein bisschen billiger als in Deutschland – wenn es Standard-Produkte sind, die zudem aus Russland kommen: Fleisch, Käse, Gemüse, Brot, Eier, oder auch die Flasche russischer Wein; zum Beispiel aus dem Kaukasus, einer sonnigen Region zwischen dem Schwarzen und dem Kaspischen Meer. Besondere Lebensmittel hingegen, Spezialitäten, haben auch in Russland einen besonderen Preis – zum Beispiel Tanjas Ziegenkäse aus Petropavlovka: Sie verkauft ihre Spezialität für umgerechnet 20 Euro pro Kilo und ist damit eine Ausnahme von der Regel, dass hier heimische Produkte billig zu haben sind. Aber Tanja exportiert ihren Ziegenkäse ja auch bis in die USA, und dort kostet er dann wahrscheinlich 20 Dollar – pro 100 Gramm…

Wie in jedem Land, ist auch in Russland teuer, was aus dem Ausland kommt: Ein guter Burgunder oder gar ein echter Grappa sind hier Luxus-Produkte, für die man eine ganze Menge Rubel auf den Tischen legen muss.

Billiger als in Deutschland ist das Produkt, von dem es in Sibirien reichlich gibt: Holz. Wenn ich also gern baue, dann auch deswegen, weil es ein Vergnügen für mich ist, für Bohlen, Kanthölzer, Latten, Platten und anderes Holz ungefähr nur ein Drittel von dem zu bezahlen, was es mich in Deutschland kosten würde. Weniger zahle ich hier auch für anderes Baumaterial: Beton, Putze, Farben, Nägel, Schrauben. Auf Qualität und Preise beim Werkzeug bin ich schon in einem vorherigen Kapitel eingegangen: Auch hier gibt es: billig und schlecht. Wenn du eine gute Qualität haben willst, und bei Werkzeug kommt da für mich nichts Anderes in Frage, zahlst du mindestens so viel wie in Deutschland, oft auch mehr.

Keinen Unterschied gibt es bei Elektro-Geräten, also Kaffeemaschinen, Kühlschränken, Waschmaschinen; Handys, Computer, Fernseher und allen anderen in China hergestellten Produkten: Auch die stehen hier in großen Elektro-Märkten; es sind die gleichen Marken und Modelle zu den gleichen Preisen wie in Deutschland.

Autos sind billiger, wenn es privat importierte Autos aus Japan sind, was in Sibirien gängige Praxis ist. In Wladiwostok, am äußersten Ende von Russland, gegenüber liegt Japan, gibt es riesige Automärkte, in denen die Importautos in allen Variationen ankommen und verkauft werden: fast neu, gebraucht, fahrbereit oder auch schrottreif – in jedem Fall zu sehr guten Preisen. Diese Importe sind der Grund, weshalb es in Russland, in Sibirien besonders, so viele Autos mit Rechtslenkung gibt – in Japan herrscht Linksverkehr.

Arbeit und Löhne

Wie in allen sozialistischen Ländern lagen auch in der früheren Sowjetunion die Löhne dicht beieinander; Arbeiter, Angestellte, Akademiker – es gab keine großen Unterschiede. Das ist auch heute in vielen Berufen noch so, aber in der seit nun rund 30 Jahren freien Marktwirtschaft in Russland, gibt es da zunehmend Ausnahmen: Unternehmer, Manager, Ärzte an Privatkliniken oder Banker machen, vor allem natürlich in den Städten, und besonders in Moskau, eine Menge Geld. Auf dem Lande ist das selten, hier wird noch immer so gearbeitet und verdient, wie früher. Brauche ich zum Beispiel bei größeren Bauvorhaben Helfer, zahle ich pro Mann und Tag rund 30 Euro – schaffe aber mit denen pro Tag nur ungefähr die Hälfte der Arbeit, wie in Deutschland, weil ich ihnen oft genau erklären muss, was sie jetzt wie machen müssen. Aber auch das Thema hatten wir ja schon – ausführlich.

Das übliche Stadt-Land-Gefälle gilt natürlich auch in Russland, vor allem in Sibirien: Auf dem Lande leben viele Menschen, die keine Ausbildung haben, überwiegend Hilfsarbeiten machen und dafür nur wenig Geld bekommen. Sie haben kaum andere Möglichkeiten, weil es auf dem Lande kaum Unternehmen gibt, und damit kaum Jobs und Geld. Wer Geld verdienen will, muss in die nächste Stadt gehen, da ist das Job-Angebot größer, selbst für Ungelernte. In den Dörfern ist es deswegen üblich, dass viele Menschen, vor allem Männer, auf dem Land wohnen, für den Job aber in die nächste Stadt pendeln – entweder jeden Tag, von Montag bis Freitag für die ganze Woche oder auch für einen längeren Zeitraum.

Auf dem Land wohnen und gut verdienen, das gilt zum Beispiel für gute Handwerker; also Handwerker, die diesen Namen auch verdienen, weil sie ihr Handwerk auch wirklich beherrschen. Sie nehmen und bekommen ungefähr die gleichen Stundenlöhne wie in Deutschland. Das liegt aber auch daran, dass sie in Sibirien in den sechs Sommermonaten so viel verdienen müssen, dass es fürs ganze Jahr reicht, denn von Oktober bis März, im sibirischen Winter, ruhen hier alle Bauarbeiten im Freien.

Fazit: Wer mit dem Gedanken spielt, sein (Lebens)Glück in Sibirien zu suchen, muss entweder etwas können oder eine gute Idee haben; also ein wirklich guter Handwerker sein oder etwas anbieten, machen, produzieren, das es noch nicht gibt, was aber viele haben wollen. Allein mit Muskelkraft, Elan und einer angeblich tollen Idee im Kopf sind schon viele „Auswanderer" nach Sibirien gekommen – und schnell gescheitert. Oder, noch deutlicher ausgedrückt: Hilfsarbeiter gibt es schon genug in Sibirien.

Wohnen

Wohnen ist in Russland deutlich billiger als in Deutschland. Sowohl die Mieten als auch die Kaufpreise für Grundstücke, Wohnungen und Häuser sind niedriger; auf dem Land gilt das natürlich noch mehr, als in der Stadt. Ein weiterer Unterschied zu Deutschland: Die meisten Russen wohnen in der eigenen Wohnung, im eigenen Haus; der Staat fördert Wohneigentum.

Auch Strom, Wasser, Öl und Gas sind erheblich billiger als in Deutschland. Die monatlichen festen Kosten sind in Russland deswegen erheblich niedriger als in Deutschland; man kann hier auch mit wenig Geld einigermaßen über die Runden kommen. Dies gilt vor allem auf dem

Land, denn dort bauen ja alle im eigenen Garten ihr eigenes Gemüse an, heizen mit Holz, das es hier für wenige Rubel gibt. Wer dann auch noch in der eigenen Wohnung oder im eigenen Haus wohnt, also keine Miete zahlen muss, hat niedrige Lebenshaltungskosten.

Allerdings: Auch in Sibirien gehen die Immobilien-Preise langsam nach oben; auch und gerade auf dem Land, denn ebenso wie in Deutschland, liegen auch hier „Leben auf dem Lande", „Zurück zur Natur" voll im Trend; immer mehr Stadt-Russen kaufen sich in nahegelegenen Dörfern ein Zweit-Haus oder kommen, wenn sie komplett per Homeoffice arbeiten und leben können, ganz hierher.

Geschäftsleben

Wie wohl überall auf der Welt, geht auch in Russland viel über schon vorhandene persönliche Kontakte. Bei mir ist es inzwischen so, dass auch viele Geschäftsleute von mir gehört haben – dem Deutschen, der eine Gästefarm in Sibirien betreibt, und die mich kontaktieren mit einer Geschäfts-Idee: Bodo, der Hühnerzüchter in Ulan-Ude, der eine neue Methode entwickelt hat, um Hühner artgerecht und trotzdem billiger als bisher zu halten; er kann also Bio-Eier günstiger anbieten, und er sucht einen Partner. Oder ein Fensterbauer aus Deutschland hat angefragt, ob ich nicht in Sibirien Holzfenster unter seiner Lizenz fertigen will.

Das klingt für mich erst einmal immer interessant. Aber bislang halte ich mich an das, was ich kenne und kann: bauen. Momentan suche ich nach einem geeigneten Grundstück in Cheremshanka und will darauf ein Gästehaus bauen: Sibirien für alle, die nicht unbedingt Natur pur auf unser Farm erleben wollen, sondern die schon ihre Auswander- und damit Geschäfts-Chancen in Sibirien erkunden wollen.

Steuern

Ja – auch in Sibirien gibt es Finanzämter und natürlich musst du auch hier Steuern bezahlen. Aber die Steuerberechnung ist viel einfacher: Auf Einnahmen sind 13 Prozent Steuern zu zahlen. Ich habe gleich zu Beginn in Sibirien meine Arbeit als Unternehmen angemeldet, Branche: Landwirtschaft und Tourismus. Ich melde also jedes Jahr dem Finanzamt meine Einnahmen und muss darauf 13 Prozent Steuern bezahlen. Dazu kommt eine Steuer-Jahrespauschale von umgerechnet 300 Euro pro Jahr. Das Ganze ist nur ein Bruchteil der Arbeit und des Aufwandes, den ich zum Beispiel während meiner Zeit in Deutschland als Bauunternehmer betreiben musste. Und weniger Steuern, auch prozentual auf die Einnahmen gerechnet, sind es allemal, die ich hier bezahle.

Medizinische Versorgung

Bei der medizinischen Versorgung können die Menschen in Russland vom sozialistischen Erbe profitieren; alle Bürgerinnen und Bürger sind über den Staat krankenversichert, alle Behandlungen bei Ärzten und in den Krankenhäusern sind kostenlos. Wie überall auf der Welt, gibt es aber auch in Russland Privatkliniken, in denen man die Behandlungen selber bezahlen muss.

In den Dörfern gibt es fast immer mindestens eine Krankenstation, die ungefähr einer deutschen Hausarzt-Praxis entspricht, und in denen ein Arzt auch genau das macht: kleinere Verletzungen und Krankheiten behandeln, Patienten untersuchen, Medikamente verschreiben, die Patienten beraten. „Unser" nächstes Krankenhaus ist in Kuragino, also rund 80 Kilometer entfernt, dort ist auch ein Rettungswagen. In lebensgefährlichen Situationen, wenn die Anfahrt zu lange dauern würde, kommt auch der Rettungshubschrauber.

Die für Sibirien, vor allem auf dem Lande, übliche Hilfsbereitschaft, trifft auch auf Ärztinnen und Ärzte zu: Ich hatte vor einiger Zeit einen Holzsplitter im Auge, und eine in der Nähe wohnende Augenärztin, angestellt in einem entfernt liegenden Krankenhaus, hat mich zuhause an ihrem Küchentisch behandelt. Oder ein Zahnarzt schließt auch schon mal am Sonntag seine Praxis auf, wenn ein Patient starke Schmerzen hat.

Übrigens: Die kostenlose Krankenversicherung gilt auch für alle Ausländer, die mindestens eine fünfjährige Aufenthalts-Genehmigung haben – deswegen ist die auch sehr schwer zu bekommen.

Handynetz

Es gibt in Russland keinen flächendeckenden Handyempfang – kein Wunder bei diesem Riesenland und seiner nur dünnen Besiedelung. In den Städten und deren Umgebung gibt es keine Probleme, abgesehen davon, dass das Netz ab und zu mal ausfällt. In den Dörfern ist es unterschiedlich; bei uns in Cheremshanka ist der Empfang sehr gut, selbst auf der Farm habe ich keine Probleme, weil auf einem der umliegenden Hügel ein Sendemast steht. Anders im Nachbardorf, dort sieht es schlechter aus. Und im übernächsten Dorf gibt es kaum Empfang; wenn du da telefonieren willst, musst du auf den nächsten Hügel gehen – dort kann es dann klappen.

Auswandern nach Sibirien

Ich bekomme viele Anfragen aus Deutschland. Ungefähr die Hälfte der Absender will bei uns Urlaub machen – die anderen wollen nach Sibirien auswandern. Den Urlaubswilligen schreibe ich, was sie bei uns machen können, arbeite für sie ein kleines Touren- und Erlebnis-Programm aus.

Auch die Mails und Fragen der potentiellen Auswanderer beantworte ich gern, aber das ist schon zeitaufwendig, denn hier geht es ja um sehr individuelle und spezielle Fragen. Dennoch nehme ich mir diese Zeit, denn zum einen erinnern mich die Fragen und die Situation der Absender an meine eigenen Sibirien-Pläne und zweitens empfinde ich so etwas wie Verantwortung: Wenn ich mit meinem Leben, mit den Berichten und Filmen und auch mit diesem Buch über mich dazu beitrage, in anderen Menschen die „Sibirien-Sehnsucht" zu wecken, dann muss ich mich auch darum kümmern, dass das nicht im Unglück endet. Denn so schön in den Mails zu lesen ist, wie groß der Wunsch ist, das eigene Leben zu verändern, freier und unabhängiger zu werden, sich wieder auf sich und seine Kraft zu besinnen, zu leben im Einklang mit der Natur – so naiv, so unrealistisch, so rosarot sind manchmal die Pläne, die zu diesem Weg beschrieben werden. Da muss ich einfach eingreifen, damit diese Menschen nicht in ihr Verderben rennen.

Auswandern: Der Papierkram

Vorweg: Alle Regeln und Informationen ändern sich ständig. Deswegen kann ich hier nur schreiben, was ich damals machen musste, um meine Visa und Aufenthaltsgenehmigungen zu bekommen; sicher gab und gibt es auch andere Möglichkeiten. Alle Wege haben aber eines gemeinsam: viel Papierkrieg, Informationen, die nicht immer eindeutig sind, viel Stress und Arbeit.

Im Laufe meiner fast zehn Sibirien-Jahre habe ich fast alle Stufen der sibirischen Ausländer-Verwaltung durchlaufen. Was noch fehlt, ist die letzte Stufe: Einbürgerung und die anschließende russische Staatsbürgerschaft.

Bei mir ging es los mit einem Touristen-Visum: Das ist über eine der vielen Visa-Agenturen, die im Internet ihre Dienste anbieten, leicht zu bekommen und kostet rund 150 Euro. Es gilt für 30 Tage, du darfst quer durchs Land reisen – aber auf keinen Fall arbeiten. Auch nicht ohne Bezahlung. Arbeitest du doch, egal was, wo und wie lange und du wirst dabei erwischt, kannst du weitere Russland-Reisen vergessen.

Dann kam bei mir das Jahres-Visum. Damit durfte ich für maximal drei Monate am Stück in Russland bleiben, musste das Land dann wieder verlassen und durfte danach noch einmal für maximal drei Monate einreisen. Parallel dazu habe ich versucht, eine dreijährige Aufenthalts-Genehmigung zu beantragen. Das ist schon ziemlich aufwendig, und leider brauchst du für die Erteilung dieser Genehmigung auch ein bisschen Glück.

Aber zuerst die formalen Hürden für die dreijährige Aufenthalts-Genehmigung:

Du musst nachweisen, dass du genug Geld hast, damit du dem russischen Staat nicht irgendwann auf der Tasche liegst. Wenn die Behörden mit deinen Auskünften zufrieden sind, bekommst du die Aufforderung, dich einem Gesundheitscheck zu unterziehen. Dieser Check ist aber nicht ansatzweise mit der bei uns üblichen 30-Minuten-Untersuchung beim Hausarzt zu vergleichen: Der Check dauert zwei Tage, und die Ärzte untersuchen dich von außen und innen: äußerer Eindruck, Knochen, Organe, Blut, Vorerkrankungen, Röntgenaufnahmen, Kreislauf und Fitness. Und wenn es gut für dich und dein 3-Jahres-Visum aussieht, kommt der Hammer: Du musst einen russischen Sprachtest machen – und an dem scheitern viele potentielle Sibirien-Auswanderer.

Das sind eine Menge Hürden, die aber machbar sind. Leider gibt es noch eine Hürde, die du auch nicht mit viel Geld, einem fitten Körper und intensiver Russisch-Nachhilfe überwinden kannst: Russland setzt für die Aufenthaltsgenehmigungen eine Quote fest, wie viele Ausländer für drei oder fünf Jahre im Land bleiben dürfen. Die Zahlen werden für die einzelnen Regionen festgelegt, für uns gilt die Region Krasnojarsk. Die Zahlen werden in jedem Jahr neu festgelegt; es geht dann nach der Reihenfolge der Anträge auf eine Aufenthaltsgenehmigung. Wenn also zum Beispiel die Zahl auf 1000 Genehmigungen festgelegt wird, dann werden zunächst die ersten 1000 eingereichten Anträge geprüft. Die Zahl der Anträge, die abgelehnt werden, weil zum Beispiel die Bewerber den Sprachtest nicht schaffen oder durch den Medizin-Check fallen, wird mit Nachrückern aufgefüllt – bis 1000 Anträge und Bewerber es geschafft haben. Alle anderen müssen es im nächsten Jahr wieder versuchen.

Nach der Genehmigung für drei Jahre Aufenthalt konnte ich die Aufenthalts-Genehmigung für fünf Jahre beantragen, und zwar schon nach eineinhalb Jahren Aufenthalt in Russland. Auch dafür musste ich wieder einen Gesundheit-Check machen. Mit der fünfjährigen Aufenthalts-Genehmigung war ich in Russland krankenversichert. Kostenlos. Es ist also logisch, dass Russland sehr genau prüft, wer dieses Privileg bekommt. Während der fünf Jahre musste ich mich einmal pro Jahr bei den Behörden melden, aber das dient nur der Information, dass es mich noch gab und noch in Russland war.

Auswandern: Die häufigsten Fragen

Hier die Fragen, die ich in den vielen Mails an mich besonders oft lese – und meine Antworten darauf:

1. Ich will auch nach Sibirien auswandern, kannst du mir Tipps geben? Das ist so ziemlich die häufigste Anfrage und Bitte, die ich bekomme. In den Anfangszeiten habe ich diesen Wunsch auch erfüllt. Jetzt kann ich das leider nicht mehr machen. Aus zwei Gründen: Es sind so viele Fragen, dass ich einfach keine Zeit habe, um sie zu beantworten. Und: Die meisten dieser „Auswanderer" scheinen ziemlich blauäugig an diesen wichtigen Schritt zu gehen. Sie haben keine Ahnung vom Leben und Arbeiten in Russland und wissen auch nicht, was sie da machen wollen. Sie haben keinen wirklich Plan. Sie wollen nicht nach Russland (oder sonst wohin auswandern), sondern sie wollen vor allem aus Deutschland „rauswandern". Aber Frust reicht nicht, um woanders ein neues und besseres Leben zu beginnen.

2. Kann ich bei dir arbeiten und dafür umsonst bei dir wohnen?

Gute Idee, würde ich gern machen. Aber dieser Tausch hat einen Haken: Für einen längeren Aufenthalt, einige Monate, ist ein Arbeitsvisum erforderlich – und das erteilen die russischen Behörden nur dann, wenn der Arbeitgeber, also ich, für die „Gast-Arbeiter" bürgt. Dafür, dass sie genug Geld haben, keinen Blödsinn machen und nicht irgendwann dem russischen Staat auf der Tasche liegen. Ich denke, es ist verständlich, dass ich eine solche Bürgschaft für jemanden, den ich gar nicht kenne, nicht übernehmen kann.

3. Welche Papiere brauche für ein Arbeitsvisum?

Auch hier kann ich nicht wirklich weiterhelfen, weil sich die Vorschriften und Bestimmungen immer wieder ändern. Die Webseite der russischen Einwanderungsbehörde gibt da viele aktuelle Informationen.

4. Ist das Leben in Russland besser als in Deutschland?

Du musst wissen, was du willst im Leben. Und wissen, ob/wo es das gibt. Was für die Urlaubs-Reise zu uns auf die Farm gilt: vorher zu wissen, was dich dort erwartet, gilt natürlich noch viel mehr für die Idee, nach Sibirien auswandern zu wollen. So wie ich es gemacht habe. Man muss wissen, worauf man sich dabei und damit einlässt. Gerade Sibirien ist da als Ziel gefährlich, weil allein das Wort bei vielen einen Zauber auslöst – der alle klaren Gedanken und vielleicht auch möglichen Nachteile beiseiteschiebt.

Meine ganz persönlichen Auswander-Tipps

Jeder hat seine eigenen Wünsche, jeder Plan ist anders, jeder von uns tickt ein bisschen anders. Dennoch: Hier meine fünf wichtigsten und ganz persönlichen Tipps und Erkenntnisse zum Auswandern

1. Wenn du in Deutschland einen Job hast, den du nicht magst – wird dich der gleiche oder ein ähnlicher Job auch in Russland nicht glücklich machen (wenn du einen solchen Job dort überhaupt bekommst).
2. Wenn du in Deutschland häufig unzufrieden und womöglich unglücklich bist, dann wird das in Russland auch so sein. Denn (siehe nächster Punkt):

3. Egal wohin du gehst, wo immer du bist – immer nimmst du auch dich und deine persönlichen Probleme mit.

4. Versuche herauszufinden ob du wirklich auswandern oder nur vor etwas weglaufen willst.

5. Ob Russland oder ein anderes Land: Wenn du auswandern willst, probiere dein Traumland erst einmal aus. Spar ein paar Euro, nimm vier Wochen Urlaub und fahre ins Land deiner Träume. Das bringt dich sehr viel weiter, als alle tollen Tipps von anderen Auswanderern. Für Sibirien gilt: Du musst auch mal im Winter zum Ausprobieren kommen. Denn so wie das Leben dann ist, wird es hier dann die Hälfte deines Lebens sein.

Danke fürs Zuhören, dir und euch alles Gute!
Euer Sibirienwolf Ulf Siebach

Schluss: Leben jetzt – und Ausblick

Oktober 2022: Noch immer tobt der Ukraine-Krieg, noch immer gelten die Sanktionen gegen Russland. Und in Deutschland geht die große Angst um: Davor, dass aus Russland kein Gas mehr kommt, dass die Inflation noch weiter steigt – und dass im Winter die nächste Corona-Welle zuschlägt. Schlechte Zeiten für jemanden, der in Russland Urlaubs-Hütten für deutsche Touristen anbietet.

Dennoch: Auch in dieser Situation ist mein Glas nicht halbleer, sondern halbvoll. Ja, ich weiß nicht, wie es weitergeht mit dem Gäste-Geschäft. Aber ich habe schon oft in meinem Leben in schwierigen Situationen gesteckt, aus denen ich immer wieder einen guten, manchmal auch einen besseren Weg als vorher, für mich entdeckt habe. Ich habe die unerschütterliche Zuversicht, dass ich auch weiterhin meine Zukunft selbst und erfolgreich gestalten kann. Ich habe für mich entschieden, kein „normales" Leben zu führen, aus der Reihe zu tanzen und ich kann deswegen nicht erwarten, dass alles problemlos funktioniert. Eben weil ich so viel versuche, ausprobiere, riskiere – ist Scheitern ein Teil meines Lebens. Aber danach heißt es: Die Krone richten, aufstehen, weitermachen.

Wie ja auch schon in 2020 bei und nach Corona: Von einem Tag auf den anderen keine Gäste mehr; die Zukunft komplett ungewiss. Und nach einer kurzen Schockphase habe ich das Dorfhaus komplett renoviert. Und weil es ohne Gäste auf der Farm nur wenig zu tun gab, haben Vita, Paulina und ich, zum ersten Mal, einen gemeinsamen Sommer im Dorfhaus verbracht – einen sehr schönen Sommer. Und einige Monate später hatten wir wieder die ersten Gäste; die meisten aus Russland, aber einige auch aus Deutschland.

Scheitern und Wiederaufstehen, das hört sich allerdings viel einfacher und unbekümmert an, als es ist. Bei aller Zuversicht brauche auch ich manchmal Zeit, um Dinge, die für mich nicht so gut gelaufen sind oder immer noch nicht gut laufen, zu verarbeiten, hinter mich zu bringen – und dafür habe ich meinen Weg gefunden: Ich brauche eine intensive und bewusste Leidensphase.

Bei Sorgen, Problemen ziehe ich mich zurück, bin und bleibe für mich allein. Ein paar Tage, auch mal zwei Wochen. Ich bin dann sehr deprimiert, habe keine Energie, grübele von morgens bis abends, schlafe viel, fühle mich von der Welt unverstanden, zergehe in Selbstmitleid. Ich lebe meine Enttäuschung, den erlebten Rückschlag, das Scheitern – aus. Ich mache alles noch ein bisschen schlimmer als es tatsächlich ist. Dann, erst dann und danach, beginnt langsam die Heilung: Ich merke, dass ich nun „durch" bin damit, meine Gedanken kreisen nicht mehr nur um das Problem, sondern um eine Lösung und ab dann fühle ich, wie meine Kraft, körperlich und geistig, wieder zurückkommt. Dann bin ich wieder gesund. In Ansätzen war das auch früher schon so bei mir, aber erst in und seit Sibirien sehe und gehe ich diesen Weg bewusst und ich akzeptiere ihn. Ich habe erkannt, dass das ein Weg zur Heilung ist. Mein Weg.

In und durch Sibirien habe ich auch erkannt, wie es wirklich um meinen Ur-Wunsch steht: „Ich will einfach nur meine Ruhe haben." Auch deswegen bin ich ja nach Sibirien ausgewandert; dort wollte ich immer nur am Fluss sitzen, abschalten, träumen, für mich sein. Aber wenn ich jetzt am Fluss sitze, allein, nur für mich bin und meine Ruhe habe, merke und weiß ich inzwischen: „Nur und immer am Fluss sitzen und meine

Ruhe haben – das reicht mir nicht." Das bin nicht ich. Ruhe ist schön – aber nur deswegen, weil sie der Gegenpol zu Energie, Arbeit und Abenteuer ist; der Mix aus Spannung und Entspannung macht´s. Wenn ich das selber jetzt so denke, sage, lese – ist das ja nicht gerade eine überraschende Erkenntnis; wer kann schon sein Leben damit verbringen, nur am Fluss zu sitzen? Selbst die tibetanischen Mönche hätten im Vergleich dazu ja ein aufregendes Leben. Aber Denken, Logik und Argumente reichen eben nicht, um zu erkennen, was für von uns „richtig" oder „falsch" ist – das müssen wir ausprobieren, merken, fühlen. Nur unser Bauch kann uns sagen, was auf Dauer für uns gut ist.

Und noch eine dritte Selbst-Erkenntnis, die mir Sibirien aufgezeigt hat: „Ja, ich kann von wenig leben, brauche keinen Luxus – aber nur über einen begrenzten Zeitraum." Ich habe kein Problem damit, nur mit einem 20 Kilo-Rucksack zwei Wochen in der Taiga unterwegs zu sein, von dem zu leben, was im Rucksack drin ist. Meistens werde ich davon satt, manchmal nicht, weil ich meine Vorräte so einteilen muss, dass es bis zum letzten Tag reicht. Aber wenn ich wieder zuhause bin, freue ich mich über ein großes Badezimmer mit Fußbodenheizung, eine heiße Dusche, Leckereien auf dem Tisch und über ein großes weiches Bett. Um dann, ein paar Tage später, ebenso gern wieder in meine Hütte auf der Farm zu fahren – mit Plumpsklo, Ofen, Wasserholen und kalten Holzdielen unter den Füßen. Es ist dieser Wechsel im Leben, der mich so reizt, die Extreme, die ich hier erleben kann: Mal so, dann wieder das genaue Gegenteil. Mittelmaß – geht gar nicht.

Mein Ausblick

Es wird weitergehen. Mit hoffentlich guten Gelegenheiten, einige meiner vielen von Anfang an existierenden, aber immer wieder aufgeschobenen Pläne wieder hervorzuholen und „zu machen":

Die beiden Gewächshäuser, die ich auf der Farm noch bauen will, damit ich meinem Ziel, mich selbst versorgen zu können, näherkomme.

Die Rentiere, die ich schon immer haben wollte. Keine ganze Herde, nur drei, vier Tiere, die auf der Farm leben. Es geht mir nicht um die Versorgung mit Fleisch oder Fellen, sondern ich will sie als Haustiere halten. Ich habe schon Kontakt zu einem Rentierzüchter in Jakutsien, rund 2000 Kilometer von hier entfernt; den will ich besuchen und mit ihm meinen Plan besprechen. Wenn er da keine Probleme sieht, werde ich im kommenden Sommer zwei Männchen und zwei Weibchen bei ihm kaufen und hier auf die Farm bringen.

Und schließlich wartet ja noch mein größter Wunsch darauf, umgesetzt zu werden: Mein Blockhaus. Keine Hütte, keine Holzplatten, keine Kompromisse. Sondern ein rustikales Blockhaus, ein Flachbau mit umlaufender Terrasse. Und mit allem Komfort. Das ist mein Traum. Seitdem ich das Grundstück gekauft habe, ist es in meinem Kopf fast schon fertig. Wann ich es baue – ist unwichtig. Bislang war eben die Zeit noch nicht reif dafür; ich hatte und habe noch zu viele andere Arbeiten und Projekte im Kopf.

Zwei Schritte auf dem noch langen Weg zum Blockhaus habe ich schon in den letzten Jahren gemacht: Im Dorf liegen 90 Kubikmeter Bauholz; 300 Balken, sechs Meter lang und 20 mal 22 Zentimeter dick. Gekauft habe ich das Holz zu einem Sonderpreis von einem Sägewerk, das die Balken unbedingt loswerden musste. Und: Ich habe inzwischen meinen Trecker, mit einer Gabel und einem Ladekran.

Balken und Trecker befeuern meinen großen Traum. Aber damit habe ich es nicht eilig, ich muss mich da nach und nach hinarbeiten, ich muss mich hocharbeiten. Erst dann weiß ich zu schätzen, was ich mir, nach und nach, erarbeitet habe.